저전력 AI 반도체

AI문고

인공지능 시대입니다. 기계가 인간의 인지를 대신하고, 사물이 인간을 통하지 않고 다른 사물과 직접 커뮤니케이션합니다. 이에 따른 인간 삶과 문명 변화를 정확히 이해·예측·대응하는 것은 이 시대 우리 모두의 과제입니다. AI문고는 인공지능 기술과 환경의 여러 주제를 10가지 키워드로 정리합니다. 관련 개념과 이론, 학계와 산업계의 쟁점, 우리 일상의 변화를 다룹니다. 인간과 기술의 현재, 미래를 세심히 분석합니다.

일러두기

- 인명, 작품명, 저서명, 개념어 등은 한글과 함께 괄호 안에 해당 국가의 원어를 병기했습니다.
- 외래어 표기는 현행 어문규정의 외래어표기법을 따랐습니다. 다만 '딥러닝', '딥마인드', '엣지' 등은 관행을 따랐습니다.

처음이세요?

전문가세요?

저전력 AI 반도체

최종수

대한민국, 서울, 커뮤니케이션북스, 2025

저전력 AI 반도체

지은이 최종수
펴낸이 박영률

초판 1쇄 펴낸날 2025년 3월 31일

커뮤니케이션북스(주)
출판 등록 2007년 8월 17일 제313-2007-000166호
02880 서울시 성북구 성북로 5-11
전화(02) 7474 001, 팩스(02) 736 5047
commbooks@commbooks.com
www.commbooks.com

ISBN 979-11-7307-945-0 03500

책값은 뒤표지에 표시되어 있습니다.

차례

AI 반도체와 에너지 효율

인공지능(Artificial Intelligence, AI)에 대해 사람마다 떠올리는 이미지가 다를 것 같다. 영화 속 로봇, 스마트폰 속 음성 비서, 스스로 학습하는 컴퓨터 프로그램 등일 것이다. 그런데 사실 AI는 특정한 모습이 있는 게 아니라 기계, 즉 컴퓨터가 인간의 사고방식을 흉내 내어 스스로 학습하고 판단하는 기술이라고 할 수 있다. 쉽게 말해서 사람이 직접 모든 규칙을 가르쳐 주지 않아도 데이터를 보고 패턴을 학습하고, 이를 바탕으로 새로운 문제를 해결하는 능력을 갖춘 프로그램이 AI다.

AI는 요즘 우리의 일상과 거의 모든 산업에 영향을 주고 있다. AI가 어디서 어떻게 변화를 일으키고 있는지 점검해 보자. 예전에는 인터넷에서 원하는 정보를 찾으려면 직접 검색해야 했지만, 이제는 '시리(Siri)'나 '구글 어시스턴트(Google Assistant)' 같은 AI 음성 비서가 대신 찾아 준다. '오늘 날씨 어때?'라고 물으면 바로 대답해 주고, '아침 7시에 깨워 줘'라고 하면 알아서 알람도 맞춰 준다. 넷플릭스나 유튜브에서 우리가 좋아할 만한 콘텐

츠를 추천해 주는 것도 AI 덕분이다.

자동차 산업도 AI가 완전히 바꾸고 있다. 테슬라, 구글 웨이모, 현대자동차 등의 자동차 제조 회사들은 AI 기반 자율주행 기술을 개발하고 있는데, 사람이 운전할 필요 없이 AI 기사가 목적지까지 안전하게 데려다 줄 날이 머지않은 것 같다. 자동차에 장착된 AI는 실시간으로 도로 상황을 분석하고, 주변 차량과 보행자를 감지해서 사고를 예방하는 역할도 한다. 가까운 미래에는 AI 덕분에 교통 체증도 줄고, 사고도 크게 줄어들 가능성이 높아질 것 같다.

의료 분야에서도 AI가 큰 역할을 하고 있다. IBM이 개발한 AI '왓슨(Watson)'은 의료 데이터를 분석해서 환자의 질병을 진단하고, 최적의 치료법을 추천해 준다. 특히, AI는 컴퓨터 단층촬영(Computer Tomography, CT)이나 자기공명영상(Magnetic Resonance Imaging, MRI) 검사 같은 의료 영상 분석에서 사람보다 더 빠르고 정확하게 질병을 찾아내기도 한다. 스마트워치가 AI와 연결되어 심박수나 혈압을 체크하고, 건강 상태를 분석해 주는 것도 점점 보편화되고 있어, 손목 위에서 'AI 전쟁'이 격화될 조짐도 보인다(김민국, 2024).

예술 분야는 어떠한가? AI가 그림을 그리고, 작곡도

하고, 소설도 쓰는 시대가 되었다. 실제로 AI가 만든 그림이 미술 경연 대회에서 입상하고, AI가 작곡한 음악이 사람들에게 감동을 주기도 한다. AI가 생성한 창작물에 대한 저작권이 쟁점이 되는 사실이 놀랍지 않다(제이슨 임, 2024).

AI 연산을 담당하는 반도체

AI가 제대로 작동하려면 엄청난 연산이 필요하다. AI가 복잡한 문제를 해결하려면 수많은 연산을 빠르게 수행해야 하는데, 그 역할을 반도체가 담당한다. AI를 사람의 두뇌라고 한다면, 반도체 칩은 두뇌를 이루는 뉴런과 시냅스 같은 역할을 한다 볼 수 있다. 좀 더 구체적으로, 반도체가 AI 연산에 어떻게 기여하고 있는지 살펴보자.

AI 모델이 대규모 데이터를 학습하여 분석하려면 엄청난 연산 능력이 필요하다. 그리고 이 연산을 담당하는 핵심 반도체 칩이 중앙처리장치(Central Processing Unit, CPU), 그래픽처리장치(Graphics Processing Unit, GPU), 텐서처리장치(Tensor Processing Unit, TPU), 신경망처리장치(Neural Processing Unit, NPU) 등이다.

CPU는 컴퓨터나 스마트폰에서 기억, 해석, 연산, 제어라는 4대 기능을 관할한다. AI 연산도 CPU가 담당했지만, AI 모델의 파라미터 수가 점점 증가하고 연산이 복잡해지면서 CPU보다 AI 연산을 더 빠르게 처리할 수 있고 전력 소모도 적은 칩이 필요하게 됐다. 그래서 AI 연산에 특화된 반도체 칩들이 등장했다.

GPU는 원래 컴퓨터 그래픽 처리용 칩이었으나, 한 번에 여러 개의 연산을 동시에 수행할 수 있는 병렬 처리 기능을 심층신경망(Deep Neural Networks) 학습에 사용하기 시작했다. 2012년 ILSVRC(ImageNet Large Scale Visual Recognition Challenge) 대회에서 압도적인 성능으로 우승하면서, 심층신경망 학습 발전에 지대한 영향을 끼친 '알렉스넷(AlexNet)'(Krizhevsky et al., 2012)의 학습에 엔비디아 GeForce GPU 카드 2개가 사용됐다. 이후에 엔비디아의 다양한 GPU는 AI 모델 연구 및 서비스에 AI 하드웨어 가속기로 활용되기 시작하였고, 엔비디아는 2023년에 데이터센터용 GPU 376만 개를 출하하여 이 분야 시장 점유율 98%를 기록했다(임대준, 2024).

TPU는 구글이 신경망 학습을 가속하기 위해 설계한 AI 전용 하드웨어 가속기다(Jouppi et al., 2020). TPU는 주로 대규모 행렬 연산에 최적화된 구조이며, 구글의 오픈소스 기계학습 프레임워크인 텐서플로(TensorFlow)와 긴밀하게 통합되어 있다. TPU는 높은 수준의 처리량과 에너지 효율성을 제공하며, 특히 대규모 딥러닝 모델 훈련과 추론 작업에서 뛰어난 성능을 발휘한다. 예를 들어, TPU는 GPU보다 낮은 정밀도인 8비트 연산도 활용해 더 적은 전력으로 더 많은 연산을 수행할 수 있다. TPU는 구글 데이터센터에 활용되고 있고, TPU Pod라는 대규모 슈퍼컴퓨터 형태로 확장할 수 있어 대규모 언어 모델(Large Language Model, LLM)에 기반한 생성형 AI 모델의 학습 시간을 단축한다. 또한, 엣지 디바이스용으로 설계된 엣지 TPU는 저전력 환경에서도 효율적으로 작동하며, 사물인터넷 및 모바일 디바이스에서의 AI 응용 프로그램 구현에 활용된다(Wikipedia, 2025).

NPU는 신경망 연산에 최적화되어 있으며, 특히 대규모 병렬 연산과 행렬 연산을 효율적으로 처리할 수 있도록 설계되었다. 그래서 GPU에 비해 더 높은 에너지 효율과 처리 속도를 제공하며, AI 모델의 학습과 추론 작업에서 뛰어난 성능을 발휘한다. NPU는 데이터센터의 AI 서버용뿐만 아니라 스마트폰과 같은 모바일 디바이스용 애플리케이션 프로세서(Application Processor, AP), 차량용 인포테인먼트(In-Vehicle Infotainment, IVI)나 자율주행용 SoC(System on Chip), 엣지 디바이스용 프로세서에 탑재되어 음성 및 이미지 인식, 자연어 처리와 같은 AI 응용 서비스를 지원한다. NPU는 점점 더 많은 디바이스에 채택되며, 엣지 컴퓨팅 환경에서 AI의 효율적 구현을 가능하게 하는 핵심 기술로 자리 잡고 있다.

AI 발전과 에너지 소비

AI 기술이 발전하면서, AI 모델이 처리해야 하는 연산량이 기하급수적으로 증가하고 있다. 예를 들어, 2012년 AlexNet 모델은 약 6000만 개의 파라미터로 구성되지만, 2000년 출시된 GPT-3와 같은 대형 언어 모델은 1750억 개의 파라미터를 포함하고, 2023년 발표된 AI 모델의 대표주자 GPT-4는 1조 개 이상의 파라미터를 포함하고 있을 것으로 추정한다. 이러한 AI 모델들은 방대한 데이터를 학습하고, 실시간으로 수많은 연산을 수행해야 하므로 고성능 AI 하드웨어 가속기와 대규모 컴퓨팅 파워가 필요하다.

이에 따라, 대규모 AI 모델을 학습하고 추론을 실행하는 데 필요한 에너지 소비도 급증하고 있다. 특히, 대규모 생성형 AI 모델의 학습은 데이터센터에서 GPU나 TPU 같은 고성능 반도체 칩을 대량으로 사용하며, 엄청난 전력을 소모한다. 예를 들어, GPT-3를 학습하는 데 사용된 전력은 약 1287메가와트시(MWh)로, 이를 시간당 0.8kWh가 필요한 넷플릭스 시청으로 환산하면 185년 6개월(162만 5000시간) 동안 시청하는 전력량과 맞먹는다(강다은, 2024). 이러한 연산을 수행하는 데이터센터는 하루 24시간 가동되며, 냉각 시스템까지 포함하면 AI 산업 전체의 에너지 소비량은 우리의 상상을 초월한다.

AI 기술과 서비스의 발전은 환경에도 영향을 미치고 있다. AI 모델을 학습시키는 데이터센터들은 대부분 화석 연료 기반 전력망에 의존하고 있기 때문에, AI 연산이 증가할수록 탄소 배출량도 함께 증가한다. 한 연구에 따르면, GPT-3를 학습하는 데 배출된 탄소량은 약 552톤으로, 가솔린 자동차 123대가 1년 주행할 때의 탄소 배출량과 맞먹는다. 또한, AI를 사용하면 데이터센터에서 발생하는 열을 식히기 위한 냉각수로 방대한 양의 물이 소비된다. ChatGPT를 한 번 사용하는데 25~50개의 문답이 오간다고 가정했을 때 물 500밀리리터를 소비한다고 한다. GPT-3 학습을 위해서만 미국 데이터센터 기준으로 물 70만 리터가 소비되었을 것으로 추정한다(이재영, 2023).

이에 따라, 글로벌 IT 기업들은 AI의 지속 가능성을 높이기 위해 태양광, 풍력 등 재생에너지 사용 확대, 저전력 반도체 개발, 데이터센터 냉각 효율화 등의 노력을 기울이고 있다. 예를 들어, 구글과 마이크로소프트는 AI 데이터센터를 탄소 중립적으로 운영하기 위해 100% 재생에너지를 사용하겠다고 발표했다.

결과적으로, AI의 연산 혁명은 고성능 반도체의 발전과 함께 AI 모델 개발 및 서비스를 폭발적으로 성장시키고 있지만, 동시에 엄청난 전력 소비와 환경적 부담을 초래하고 있다. 이를 해결하기 위해서는 더 에너지 효율적인 반도체 개발, 데이터센터의 친환경 운영, AI 알고리즘 최적화 등의 기술적 대응이 필수 불가결이다. 앞으로 AI가 지속 가능하게 발전하려면, 단순히 성능만 높이는 것이 아니라 얼마나 적은 에너지로 효율적인 연산을 수행할 수 있는지가 중요한 과제다.

저전력 AI 반도체의 미래: 더 작고, 더 빠르고, 더 효율적으로

오늘날의 반도체는 연산 성능을 높이기 위해 더 많은 트랜지스터를 집적하는 방식으로 발전해 왔다. 1965년 인텔의 공동 설립자 고든 무어(Gordon E. Moore)가 경험적 관찰에 바탕을 두고 제시한 '반도체 집적 회로의 성능이 2년마다 두 배로 증가한다'는 '무어의 법칙(Moore's

Law)'을 따른 것이다. 그러나, 반도체 공정이 점점 미세화되면서 트랜지스터를 더 작게 만드는 것이 더욱 어려워졌고, 무어의 법칙은 한계에 다다랐다. 엔비디아의 최신 GPU 칩 B100과 2024년 하반기 이후의 고급 스마트폰용 AP는 3나노미터(nm) 공정에서 생산되고 있다. 삼성전자는 2024년 말에 업계 최초로 2nm 공정 양산 준비를 완료하였다.

반도체의 성능은 공정의 미세화 진행에 따라 공정을 평가하는 세 가지 지표인 전력, 성능, 칩 면적(Power, Performance, and Area, PPA)에 따라 발전해 왔다. 예를 들어 GAA(Gate-All-Around) 트랜지스터를 사용하는 삼성전자의 3nm 공정은 핀펫(FinFET) 트랜지스터를 사용하는 이전 세대 5nm 공정에 비해 소비전력은 45% 적고, 성능은 23% 높고, 칩 면적은 16% 작게 칩을 생산할 수 있다(삼성전자, 2022). 그러나 공정 미세화만으로는 더 이상 무어의 법칙의 한계를 뛰어넘을 수 없어, 새로운 기술 연구와 개발을 진행하고 있다. 이러한 기술의 한 예는 3차원(3D) 구조 반도체와 칩렛(Chiplet) 기술이다.

반도체에서는 2차원(2D) 평면에서 회로를 배치하는 방식보다 칩을 여러 층으로 쌓아 올리는 3D 기술이 AI 연산을 더 빠르고 효율적으로 만드는 핵심 기술로 주목받고 있다. 3D 반도체는 2D 반도체 대비 데이터 전송 거리를 줄여 연산 속도를 높이고 전력 소비를 줄이는 장점이 있다.

3D 구조의 AI 반도체는 기존 2D 평면 반도체의 한계를 극복하고, 연산 성능을 극대화하면서 전력 효율성을 높이기 위해 개발된 것이다. 이러한 3D 반도체는 칩을 여러 층으로 쌓아 올려 연결함으로써 데이터 전송 속도를 높이고 전력 소비를 낮출 뿐만 아니라, 칩 내부의 공간 활용을 최적화하도록 설계된다. 현재 AI 반도체에서 사용되는 대표적인 3D 구조 칩들을 살펴보자.

고대역폭 메모리(High-Bandwidth Memory, HBM)는 AI 연산에 최적화된 초고속 메모리로, DRAM 칩을 수직으로 적층하고 각 DRAM 칩을 실리콘 관통 전극(Through-Silicon Via, TSV)과 마이크로 범프(Micro-Bump) 기술로 연결하여 데이터를 병렬로 처리할 수 있는 구조를 갖추고 있다. 이러한 3D 구조 HBM 설계는 데이터 이동 거리를 줄이고, 대역폭을 크게 높이면서도 전력 소비를 줄인다. HBM은 GPU, TPU, NPU 등의 AI 가속기, 고성능 컴퓨팅(HPC) 등과 결합하여 대규모 연산 작업에서 널리 활용된다. 특히, 대규모 AI 모델 학습과 추론에서 발생하는 데이터 병목 현상을 해결하는 데 중요한 역할을 한다.

AMD(Advanced Micro Devices, Inc.)는 AI 연산을 최적화하기 위해 CPU 내부의 L3 캐시 메모리를 3D 구조로 확장하는 3D V-Cache 기술을 개발했다. 이 기술은 기존 CPU 대비 캐시 용량을 3배로 증가시켜 데이터 접근 속도를 획기적으로 개선하였으며, AMD EPYC 서버용 프로세서에 적용하여 데이터센터 및 AI 클라우드 환경에서 CPU의 캐시 메모리 대역폭을 증가시켜 AI 학습과 추론 속도를 높이는 데 기여하고 있다(Wikipedia, 2025).

인텔의 포베로스(Foveros)는 칩릿 기반의 3D 적층 반도체 기술로 CPU, GPU, AI 가속기 등을 하나의 칩에 통합할 수 있도록 설계되었다. 이는 기존 2D 패키징 대비 데이터 전송 속도를 향상하고, 전력 효율을 높인다. 인텔의 NPU 내장 CPU인 Meteor Lake, 47개 칩릿으로 구성된 AI 및 슈퍼컴퓨터용 GPU인 Ponte Vecchio 등에 적용되었다(Jiang, 2022).

미래의 AI 반도체는 더 작고, 더 빠르며, 더 효율적인 방향으로 발전할 것이다. 트랜지스터 소형화, 3D 반도체뿐만 아니라 광자 기반 반도체, 신소재 혁신 등의 기술이 결합하면서 AI 연산 성능은 더욱 향상되고, 동시에 전력 소모를 최소화하는 방향으로 나아갈 것이다. AI 기술의 발전을 지속 가능하게 만들기 위해서는 고성능 반도체뿐만 아니라 환경 친화적인 저전력 반도체 기술이 필수적으로 요구될 것이고, 이에 따라 AI 반도체 산업은 앞으로도 지속적인 혁신을 해야 한다. 이어지는 각 장의 내용을 통해서 중요한 기술들을 자세히 알아보자.

이 책의 목적

이 책은 AI와 반도체의 융합에서 저전력 반도체 기술이 얼마나 중요한지 이해하는 데 목적이 있다. 미래의 AI 디바이스는 더 작고, 더 똑똑하고, 더 에너지 효율적인 저전력 AI 반도체 설계를 요구한다. 이 요구 사항을 달성하기 위한 기술이나 접근법은 무엇인지, 미래 기술은 어떤 방향으로 가고 있는지를 설명한다. 마지막 장에서는 재생에너지와 친환경 AI 반도체를 탐구한다.

참고문헌

강다은(2024.5.13). AI 훈련 전력량이면, 넷플릭스 185년 시청할 수 있다. 조선일보, https://www.chosun.com/economy/industry-company/2024/05/13/M4OC55G3ZBFD5L4756DBGT745E/

김민국(2024.3.18). 손목 위 'AI'전쟁 막 오른다… 삼성·애플·구글, 반등하는 스마트워치 시장 공략. ChosunBiz, https://biz.chosun.com/it-science/ict/2024/03/18/YTSQWK25VBHJJK63WYSTFOB23M/

삼성전자(2022.6.30). 삼성전자, 세계 최초 3나노 파운드리 양산. 삼성전자 뉴스.

이재영(2023.10.2). 생성형 인공지능, 친환경적인 설계와 운용 필요해. IMPACT ON, https://www.impacton.net/news/articleView.html?idxno=6588

임대준(2024.6.12). 엔비디아, 지난해 데이터센터용 GPU 376만개 출하…"AI 서버칩 3위는 구글". AI타임스, https://www.aitimes.com/news/articleView.html?idxno=160520

제이슨 임(2024.8.22). 인간과 AI가 협업한 '문화 콘텐츠'도 저작권 가능할까. KPI뉴스, https://www.kpinews.kr/newsView/1065545501380001

Jiang, H.(2022). Intel's Ponte Vecchio GPU: Architecture, systems & software, IEEE Hot Chips 34 Symposium(HCS).

Jouppi, N. P., et al.(2020). A domain specific supercomputer for training deep neural networks. *Communications of the ACM, 63*(7), 67~78.

Krizhevsky, A., Sutskever, I., & Hinton, G. E.(2012). ImageNet classification with deep convolutional neural networks, Advances in Neural Information Processing Systems, 25.

Samsung(2019.2.11). NPU(Neural Processing Units). https://semiconductor.samsung.com/support/tools-resources/dictionary/the-neural-processing-unit-npu-a-brainy-next-generation-semiconductor/

Wikipedia(2025.1.13.). Epyc. https://en.wikipedia.org/wiki/Epyc

01
AI와 반도체의 전력 소비

AI와 반도체 기술의 급속한 발전은 우리에게 놀라운 가능성을 제시하지만, 동시에 심각한 전력 소비 문제를 야기하고 있다. AI 반도체의 전력 소비 구조 개선, 학습과 추론 과정의 에너지 요구량 효율화, 데이터센터의 전력 공급 한계 해결 등은 우리가 직면한 주요 기술적 과제다.

AI와 1인 창업?

AI 칩의 전력 소비 구조: 연산과 데이터 이동

오늘날의 연산용 반도체는 프로그램 명령어와 데이터를 동일한 메모리에 저장하고 순차적으로 실행하는 전통적 컴퓨터 구조인 폰 노이만(Von Neumann) 방식에 기초한다. AI 반도체의 연산 처리에서 발생하는 전력 소비는 주로 산술 논리 장치(Arithmetic Logic Unit, ALU)로 구성된 프로세서에서 이루어진다. 최신 AI 반도체들은 고성능 연산을 위해 더 많은 트랜지스터를 집적하고 있어, 단위 면적당 전력 소비가 증가하고 있다. 예를 들어, 요즘 AI 데이터센터 서버에 공급되는 엔비디아(NVIDIA)의 GPU H100은 700와트(W)의 전력을 소비하고 있는데, 바로 이전 세대 GPU인 A100이 소비하는 400W에 비해 75% 증가한 수치다.

연산 처리의 전력 소비는 AI 반도체 전체 전력 소비의 일부에 불과하다. 데이터 이동은 AI 칩에서 가장 많은 에너지를 소비하는 작업이다. 특히 프로세서와 메모리 간의 데이터 전송이 주요 에너지 소비 요인이다. 연구에 따르면 실제로 연산을 수행하는 프로세서와 칩 내부 또는 칩 간 메모리 사이의 데이터를 주고받는 과정에서 소비되는 에너지가 전체의 60~90%를 차지한다고 한다(Wolters, et al., 2024; Kun, 2024). 이는 AI 칩 설계에서 데이터 이동의 효율이 매우 중요함을 시사한다.

이는 대규모 언어 모델로 구성된 생성형 AI 모델의 크기가 커지고 처리해야 할 데이터양이 증가함에 따라 더욱 심화하고 있다. 예를 들어, GPT-3 같은 대규모 언어 모델은 약 1750억 개의 매개 변수를 가지고 있어, 약 800GB의 메모리가 필요하다. 데이터 이동으로 인한 에너지 소비를 효율화하기 위해 다양한 기술을 활용하고 있다. 예를 들어, 고대역폭 메모리(High Bandwidth Memory, HBM)와 같은 새로운 메모리 기술을 도입하고, 메모리와 프로세서를 더 가깝게 배치하는 3차원 적층 기술을 사용하고, 메모리 내 연산(In-Memory Computing, IMC)을 수행하는 기술 등이 제안되고 있다(Krishnan, et al., 2023).

AI 칩 메모리 계층 구조는 전력 효율에 큰 영향을 미친다. 일반적으로 AI 칩은 레지스터(Register), 캐시(SRAM), 주 메모리(DRAM), 외부 저장 장치로 구성된 계층적 메모리 구조로 되어 있는데, 각 계층은 접근 속도와 용량, 에너지 소비 측면에서 서로 다른 특성이 있어 이들 간의 최적 균형을 찾는 것이 중요하다.

최근에는 AI 연산의 작업량에 최적화된 새로운 메모리 계층 구조로의 변화가 일어나고 있다. 예를 들어, 구글의 텐서처리장치(Tensor Processing Unit, TPU)는 온칩(On-chip) 메모리를 대폭 확대하여 외부 메모리 접근을 줄이는 방식을 채택했다. 또한, 메모리 제조사들은 DRAM 코어 근처에 작은 연산 엔진을 배치하는 메모리 내 처리(Processing in Memory, PIM) 기술을 개발했다. 이러한 접근은 데이터 이동 거리를 최소화하고, 메모리 대역폭 병목을 완화하여 에너지 효율을 높일 수 있다.

학습과 추론의 에너지 소비 비교

처음 AI 모델을 학습(Training) 과정을 통해 훈련하는 것과 이미 학습된 AI 모델을 사용자에게 배포하여 추론(Inference)에 활용하는 것은 큰 차이가 있다. AI 모델의 학습은 매우 에너지 집약적이며, 전통적인 데이터센터 활동보다 훨씬 많은 전력을 소비한다. 특히 대규모 언어 모델의 학습은 복잡한 신경망(Neural Networks) 구조와 대규모 데이터 세트를 반복적으로 처리해야 하기 때문에 엄청난 양의 에너지가 필요하다. 예를 들어, GPT-3 모델의 학습에 약 1300메가와트시(MWh)의 전기를 소비하는 것으로 추정되는데, 이는 미국의 평균적인 가정 130가구에서 1년 동안 사용할 수 있는 양이다(Vincent, 2024).

학습해야 할 데이터 규모가 커질수록 배치(Batch) 크기나 학습 횟수가 늘어나, 자연스럽게 연산과 데이터 이동에 따른 에너지 소비 부담으로 연결된다. 특히 빅데이터 분석 플랫폼이 일반화되면서 기업들은 더 큰 모델 학습을 통해 정확도를 높이려는 경향이 강해지고 있다. GPT와 같은 대규모 언어 모델 AI가 등장한 이후 개발되고 있는 생성형 AI 모델들은 수조 개의 파라미터를 포함하는 모델들을 학습하기 위해 막대한 전력을 소모하고 있다. 이러한 대규모 학습은 필연적으로 높은 전력 소비를 동반하여 환경적 · 경제적 측면 모두에서 중요한 이슈로 부각되고 있다.

추론 단계는 학습된 모델을 사용하여 새로운 입력에 대한 예측을 수행하는 과정이다. 개별 추론 작업의 에너지 소비량은 학습 과정에 비해 상대적으로 적다. 2023년 12월에 발표된 연구 결과에 의하면, 텍스트 생성 작업을 1000번 실행하는데 평균 0.0476킬로와트시(kWh)의 전력을 사용하고, 이미지 생성 모델은 1000회 추론당 평균 2907kWh의 전력을 사용한다(김우용, 2024). 이 연구는 학습보다 추론 과정에서 더 많은 전력을 사용한다는 것을 보여 준다. 즉, 추론 작업이 수많은 사용자 요청으로 수없이 반복되기 때문에 누적 에너지 소비량은 훨씬 더 많다.

실제로 일부 연구자들은 추론 단계의 누적 에너지 소비가 학습 단계의 소비를 훨씬 더 초과할 수 있다고 주장한다. 한 예측에 따르면 AI 모델의 전체 에너지 소비 중 70% 이상이 추론 단계에서 발생할 수 있다고 한다(Bailey, 2022). AI 모델이 한번 학습되어 배포되면 수많은 기기에서 지속적으로 사용되기 때문이다. 따라서 추론 단계의 에너지 효율 개선은 AI의 전체 에너지 소비를 줄이는 데 중요한 역할을 할 수 있다.

AI 데이터센터: 전기 먹는 하마

생성형 AI 모델이 전력 소비를 빠르게 증가시키고 있다. 미국의 정보 기술 연구 및 자문 회사 가트너(Gartner)에 의하면 향후 2년 안에 데이터센터는 최대 160%의 성장이 예상된다고 한다(Gartner Blog Network, 2024). 이에 따라 기존 AI 데이터센터의 40%가 2027년까지 전력 가용성으로 인해 운영에 제약을 받을 것으로 전망한다. 또한, 생성형 AI를 구현하기 위한 초대형 데이터센터의 폭발적인 증가로 인해, 전력 공급 업체가 필요한 용량을 빠르게 확충하기 어려울 정도로 전력에 대한 수요가 급증하고 있다고 한다. AI에 최적화된 서버를 추가로 운영하기 위해 데이터센터에서 요구되는 전력은 2027년에

연간 500테라와트시(TWh)에 이를 것으로 추산되며, 2023년 수준의 2.6배에 해당하는 수치다.

데이터센터의 전력 소비 증가는 지역 전력 그리드에도 상당한 부담을 주고 있다. 예를 들어, 미국과 유럽에 대한 접근성, 낮은 세율 등의 장점 덕분에 데이터센터 성지가 된 아일랜드에서는 데이터센터가 전체 전력 수요의 약 17%를, 미국의 일부 주에서는 10% 이상을 차지하고 있다(문가영, 2024). 이러한 상황은 전력 공급의 안정성과 지속 가능성에 대한 우려를 불러일으키고 있으며, 일부 지역에서는 새로운 데이터센터 건설에 제한을 두는 정책을 도입하기도 했다.

참고문헌

김우용(2024.4.8). AI 플랫폼, 성능과 지속가능성 함께 잡는 전략은: 퓨어스토리지의 지속가능한 AI 구축 방안. ZDNET Korea, https://zdnet.co.kr/view/?no=20240408111922

문가영(2024.10.8). '데이터센터 성지'라던 아일랜드...전기먹는 하마되자 "추가 유치 곤란". 매일경제, https://www.mk.co.kr/news/world/11134428

Bailey, B.(2022.8.15). AI Power Consumption Exploding. Semiconductor Engineering, https://semiengineering.com/ai-power-consumption-exploding/

Gartner Blog Network(2024.11.13). Power Shortages Will

Restrict 40% of AI Data Centers By 2027 – Gartner. DataCenter Knowledge, https://www.datacenterknowledge.com/energy-power-supply/power-shortages-will-restrict-40-of-ai-data-centers-by-2027-gartner

Krishnan, G., et al.(2023). End-to-End Benchmarking of Chiplet-Based In-Memory Computing. From the Edited Volume "Neuromorphic Computing". https://www.intechopen.com/chapters/87463

Kun, Z.(2024.5.16). Development Trends of AI Computing Power. ZTE, https://www.zte.com.cn/global/about/magazine/zte-technologies/2024/3-en/expert-views/1.html

Vincent, J.(2024.2.16). How much electricity does AI consume?. The Verge, https://www.theverge.com/24066646/ai-electricity-energy-watts-generative-consumption

Wolters, et al.(2024). Memory is all you need: An overview of compute-in-memory architectures for accelerating large language model inference. arXiv, https://arxiv.org/abs/2406.08413

02
저전력 반도체 설계 원리 이해

AI 반도체 설계는 전력 소비를 최소화하면서도 AI의 복잡한 연산을 효율적으로 처리하는 것이 핵심이다. 동적 및 정적 전력 감소 전략, 회로 최적화, 메모리 관리, 시스템 분할, 첨단 공정 기술의 활용 등 다양한 접근법을 통해 이를 달성할 수 있다. 이러한 혁신적인 설계 원리들은 단순히 반도체 성능 향상에 그치지 않고, 에너지 효율을 높여 지속 가능한 AI 기술의 발전을 이끌어 우리의 일상을 더욱 똑똑하게 변화시킬 것이다.

AI와 MBTI?

AI 반도체에서 왜 저전력 기술이 중요할까?

스마트폰과 같은 모바일 디바이스, 웨어러블 디바이스, 드론 등은 배터리 전원으로 동작한다. 배터리 수명 연장은 AI 반도체의 저전력 기술과 직접적인 관련이 있다. AI 연산이 많은 디바이스는 연산량이 늘어날수록 전력을 많이 사용하는데, 이 때문에 배터리 사용 시간이 급격히 줄어들 수 있다. 저전력 설계 기술은 배터리 소모를 크게 줄여 오래 쓰게 만들 수 있다. 예를 들어, 모바일 디바이스에 저전력 설계 기술이 적용된 DRAM인 LPDDR(Low-Power Double Data Rate)을 사용하여 배터리 수명을 대폭 연장하고 있다. 스마트폰과 같은 온디바이스(On-device)에서 AI의 활용이 보편화되는 우리 생활에서 저전력 반도체 설계는 매우 중요한 요소다.

반도체 칩이 소비하는 전력이 증가하면 열이 많이 난다. AI 반도체는 복잡한 연산을 수행하기 때문에 많은 전력을 소모하고, 이는 심각한 발열로 이어진다. 반도체는 특정 온도 범위에서 정상적으로 동작하기 때문에, 발열이 심해지면 반도체의 성능이 저하하고 수명을 단축할 뿐만 아니라, 최악의 경우 시스템 오작동이나 안전에 문제가 생길 수 있다. 특히 자율주행차와 같은 미션 크리티컬(Mission Critical) 분야에서는 이러한 안전성 문제가 치명적이다. 저전력 기술을 통해 발열을 줄이면 시스템의 안정성과 신뢰성을 향상할 수 있다(진운용, 2024).

마지막으로, 저전력 AI 반도체는 시스템 비용을 절감할 수 있다. AI 데이터센터의 전력 소비량은 급증하고 있어 운영 비용의 상당 부분을 차지한다. 전력을 많이 쓰는 반도체 칩은 그만큼 냉각 시스템도 복잡해진다. 예를 들어, 데이터센터에서 열을 식히기 위해서 공조 장치나 냉각 시스템에 큰 비용을 투자해야 한다. 저전력 반도체 칩을 사용하면 냉각 장치 규모나 전기 비용을 줄일 수 있어 총소유비용(Total Cost of Ownership)을 낮출 수 있다.

전력 소비 최소화 전략

AI 작업은 대량의 데이터 처리와 복잡한 연산을 해야 하므로, 전력 효율이 매우 중요하다. 이러한 이유로 AI 반도체 설계에서는 전력 소비를 최소화해야 한다. 일반적으로 반도체 칩에서 전력이 소비되는 유형은 두 가지로 나눌 수 있다. 동적 전력(Dynamic Power)은 칩이 열심히 동작하는 과정에서 소비되고, 정적 전력(Static Power)은 칩이 멈춰 있어도, 즉 대기 생태일 때도 새어 나가는 전력이다.

동적 전력을 줄이기 위한 여러 가지 방법 중에 전압 스케일링(Voltage Scaling), 클록 게이팅(Clock Gating), 동적 전압 및 주파수 스케일링(Dynamic Voltage and Frequency Scaling, DVFS)을 살펴보자. 전압 스케일링은 칩이 동작하는 전압 자체를 낮추면 동적 전력이 전압의 제곱에 비례하기 때문에 전력 절감 효과가 크다. AI 칩이 덜 복잡한 작업을 수행할 때 전압을 낮춰 전력 소비를 줄일 수 있다(Emilio, 2021). 마치 방 안에 있는 전구의 밝기를 조절하는 것과 비슷하다. 그러나 전압을 낮추면 트랜지스터의 스위칭 속도가 느려질 수 있어 성능이 떨어질 위험이 있다. 따라서 AI 가속기 칩의 경우 원하는 성능 목표를 만족하면서 최소한으로 낮출 수 있는 전압을 정교하게 찾아야 한다.

칩 내부에는 연산하지 않는 대기 상태 또는 사용되지 않는 블록들이 있다. 이런 블록에 굳이 클록(Clock) 신호를 계속 공급할 필요가 없다. 클록 게이팅은 AI 칩 내부의 사용하지 않는 부분으로 가는 전기 신호를 차단하여 불필요한 전력 소비를 막는 것으로(Cadence, 2021), 사용하지 않는 방의 전등을 끄는 것과 유사하다. AI 가속기 칩에서 특정 신경망 연산을 수행하지 않는 시점이라면, 관련된 회로에는 클록을 차단함으로써 동적 전력을 줄일 수 있다. 클록이 들어가지 않으면 트랜지스터가 '켜졌다, 꺼졌다'를 반복하지 않으므로 충전과 방전에 따른 전력 사용이 현저히 감소한다.

동적 전압 및 주파수 스케일링은 칩의 동작 상태에 따라 동작 전압과 클록 주파수를 실시간으로 조정하는 기법이다. AI 연산 작업의 복잡도에 따라 칩의 속도(주파수)와 전압을 실시간으로 조절하여 최적의 성능과 전력 효율을 달성하는 것인데(Maben, 2020), 마치 자동차의 가속 페달을 상황에 맞게 조절하는 것과 비슷하다. AI 모델이 아주 복잡한 연산을 해야 할 때는 전압과 클록 속도를 높여 최대 성능을 낼 수 있도록 하고, AI 연산이 거의 없는 대기 상태에서는 전압과 클록을 낮춰서 전력을 절약할 수 있다. 예를 들면, 스마트폰에서 AI 카메라 기능을 사용할 때만 CPU, GPU, NPU 등의 전압과 주파수를 높이고, 잠금 화면 상태에서는 낮추는 식이다.

정적 전력을 줄이는 방법으로는 다중 임계전압(Multi Threshold Voltage) 기술과 전력 게이팅(Power Gating)이 있다. 다중 임계전압 기술은 서로 다른 임계전압(Vth)을 가진 트랜지스터를 하나의 칩에 함께 사용하여 성능과 전력 소비를 최적화하는 반도체 설계 기법이다. 낮은 임계전압 트랜지스터를 사용하여 빠른 스위칭 속도를 확보하고, 높은 임계전압 트랜지스터를 사용하여 대기 상태에서의 누설 전류를 줄일 수 있다. AI 반도체 칩 안에 '고성능 연산 유닛(높은 전압)'과 '저전력 보조 유닛(낮은 전압)'을 분리해 놓고, 상황에 따라 어느 쪽을 주로 쓸지를 결정한다. 마치 집 안의 여러 전자 디바이스에 각각 다른 절전 모드를 설정하는 것과 비슷하다. 이 기술은 특히 모바일 컴퓨팅과 같은 저전력, 고성능이 요구되는 칩 설계에 중요한 해결책을 제공한다(Won, et al., 2003).

전력 게이팅은 AI 칩 내부에서 회로의 특정 부분이 사용되지 않을 때 해당 영역의 전원을 완전히 차단하여 전력 소비를 감소시키는 기술이다(Synopsys, 2025a). 마치 사용하지 않는 가전제품의 플러그를 뽑는 것과 유사하다. 특히 모바일 디바이스, 사물인터넷 디바이스, 데이터센터 등에서 배터리 수명 연장과 에너지 효율 개선에 기여하며, 현대 집적 회로 설계에서 필수적인 기술로 자리 잡고 있다.

한편, 회로 설계 최적화 관점에서 트랜지스터 사이징(Transistor Sizing)을 통해서 전력 소비를 줄일 수 있다. 트랜지스터 사이징은 집적 회로의 성능, 전력 소비, 면적을 최적화하는 중요한 설계 기법으로 설계 과정에서 각 트랜지스터의 채널 폭과 길이를 조절하여 회로의 특성을 개선한다(Nikoubin, 2010). 트랜지스터의 크기를 키우면 전류 구동 능력이 향상되어 회로 속도가 빨라지지만 동시에 전력 소비와 칩 면적이 증가한다. 반대로 크기를 줄이면 전력 소비와 면적은 감소하지만, 회로 속도가 느려질 수 있다. 오늘날의 복잡한 집적 회로에서는 컴퓨터 지원 설계(CAD) 도구나 기계학습 기법을 사용하여 자동화된 트랜지스터 사이징 최적화를 수행하는 것이 일반적이며, AI 반도체와 같은 고성능, 저전력 응용에서 중요한 역할을 한다(Xing, et al., 2024).

아키텍처 레벨 최적화

AI 반도체의 전체적인 아키텍처를 최적화하는 것도 중요한데, 마치 도시 계획을 세우는 것과 유사하다. 시스템의 전체적인 구조와 설계를 개선하여 성능, 효율, 확장성을 향상하는 과정으로, 단순히 개별 구성 요소를 최적화하는 것을 넘어 시스템 전체의 구조적 개선을 목표로 한다. 효과적인 아키텍처 수준 최적화를 위해서는 메모리 사용을 최적화하고, 시스템을 적절히 분할하며, 첨단 공정 기술을 활용해야 한다.

AI 반도체는 대량의 데이터 처리가 필요하므로, 메모리 최적화 설계가 매우 중요하다(Synopsys, 2025b). 온칩 메모리 사용은 AI 연산에 필요한 데이터를 칩 내부에 저장하여 빠르게 접근할 수 있게 한다. 이는 마치 주방에서 요리할 때 필요한 재료를 가까이 두는 것과 같다. 온칩 메모리는 AI 시스템에서 성능과 효율을 향상하는 중요한 요소인데, 프로세서 내에 통합된 고속 메모리로 외부 메모리에 비해 훨씬 높은 대역폭과 낮은 지연 시간을 제공한다. 따라서 데이터 접근 속도를 높이고 전력 소비를 줄이며, 컴퓨팅 유닛의 활용도를 극대화할 수 있다 (Woo, 2021).

저전력 메모리 아키텍처는 메모리 자체의 전력 소비를 줄이면서도 빠른 데이터 접근을 가능하게 하는 특별한 메모리 구조를 설계하는 것인데, 마치 에너지 효율적인 냉장고를 사용하는 것과 비슷하다. 이러한 기술은 메모리를 작은 하위 시스템으로 분할하여 필요한 부분만 활성화하는 방법, 온칩 메모리 사용을 통한 데이터 접근 속도를 향상하는 방법, 스크래치패드 메모리나 트레이스 캐시와 같은 특수 캐시 구조를 활용하는 방법이 있다. 이러한 기술은 특히 배터리로 작동하는 모바일 디바이스, 사물인터넷 디바이스, 대규모 데이터센터에서 중요하며 전체 시스템의 에너지 효율을 향상한다.

한편, 시스템 분할은 반도체 칩을 여러 독립적인 전압 도메인으로 나누어 각 도메인에 최적화된 전압을 공급함으로써 전체적인 에너지 효율과 성능을 높이는 설계 기법이다. 전압 아일랜드는 시스템 분할의 한 형태로 AI 칩을 여러 구역으로 나누고, 구역마다 최적의 전압을 공급하여 전체적인 효율을 높일 수 있는데(Sperling, 2024), 이것은 큰 건물의 층마다 독립적인 전기 시스템을 갖추는 것과 유사하다. 전압 아일랜드 설계는 파티션 생성, 전압 레벨 할당, 평면 배치(Floorplan)를 포함하는 복잡한 과정을 거쳐 전체 시스템의 전력 소비를 최소화하면서도 요구되는 성능을 달성할 수 있다.

마지막으로, 첨단 공정 기술은 반도체 제조 과정에서 더 작고 에너지 효율적인 트랜지스터를 만들어 AI 가속기 칩의 성능을 높이고 전력 소비를 줄이는 데 기여한다. 즉, 나노미터 수준의 미세 공정을 통해 더 많은 트랜지스터를 작은 면적에 집적할 수 있게 하여 연산 능력을 향상한다. 또한 FinFET(Fin Field-effect Transistor), GAA(GateAll-Around) 트랜지스터와 같은 새로운 구조의 도입으로 누설 전류를 줄이고 스위칭 속도를 높인다.

참고문헌

진운용(2024.4.23). 핸드폰부터 차량까지... 반도체 시장은 '저전력 전쟁 중'. 이코노믹 리뷰, https://www.econovill.com/news/articleView.html?idxno=652960

Cadence(2021). Implementing low power design through voltage scaling in VLSI. Cadence System Analysis, https://resources.system-analysis.cadence.com/blog/msa2021-implementing-low-power-design-through-voltage-scaling-in-vlsi

Emilio, M. D. P.(2021.8.30). A new approach to AI low-power design. Power Electronics News, https://www.powerelectronicsnews.com/a-new-approach-to-ai-low-power-design/

Maben, G.(2020). The impact of AI on low power chip design. Synopsys. https://www.synopsys.com/blogs/chip-design/ai-impact-on-low-power-chip-design.html

Nikoubin, T., et al.(2010). Simple exact algorithm for transistor sizing of low-power high-speed arithmetic circuits, VLSI Design. https://onlinelibrary.wiley.com/doi/10.1155/2010/264390

Sperling, E.(2024.9.4). New AI processors architectures balance speed with efficiency. Semiconductor Engineering, https://semiengineering.com/new-ai-processors-architectures-balance-speed-with-efficiency/

Synopsys(2025a). What is low power design? https://www.synopsys.com/glossary/what-is-low-power-design.html

Synopsys(2025b). What is AI chip design? https://www.synopsys.com/glossary/what-is-ai-chip-design.html

Won, H.-S., et al.(2003). An MTCMOS design methodology and its application to mobile computing, Proceedings of the

International Symposium on Low Power Electronics and Design, Seoul, South Korea. 110~115.

Woo, S.(2021.9.4). When selecting memory for AI, you must choose…wisely. Electronic Design, https://www.electronicdesign.com/technologies/embedded/article/21172102/rambus-when-selecting-memory-for-ai-you-must-choosewisely

Xing, W. W., et al.(2024). KATO: Knowledge alignment and transfer for transistor sizing of different design and technology, arXiv. https://arxiv.org/html/2404.14433v1

03
저전력 AI 하드웨어 가속기

데이터 폭증 시대에 AI 모델의 규모와 복잡성이 급증하면서, GPU만으로는 감당하기 힘든 전력 소모와 성능 문제가 대두되고 있다. 엣지 또는 모바일 디바이스 등 제약된 환경에서도 최적의 연산 효율을 보장하는 저전력 AI 전용 하드웨어 가속기가 빠르게 부상하고 있으며, NPU와 같은 전용 가속기 설계를 통해 성능과 에너지 효율을 동시에 만족시키려는 노력이 활발히 진행 중이다.

AI와 난임 극복?

AI 전용 하드웨어 가속기의 등장

AI 모델의 대형화와 함께 대규모 AI 연산 수요가 증가하면서 그래픽처리장치(GPU)의 병렬 처리 연산 성능을 AI 연산에 활용하게 되었고, 오늘날 AI 하드웨어 가속기의 주류로 자리 잡았다. 그러나 GPU는 본래 3차원 그래픽 연산을 빠르게 처리하기 위한 범용 병렬 프로세서 구조다. 현재 GPU도 AI 연산에 최적화할 수 있도록 점점 진화하고 성능도 향상되고 있지만, 대규모 행렬 연산이나 합성곱 연산(Convolution Operation) 중심의 딥러닝(Deep Learning) 연산을 완벽하게 최적화하기에는 구조적 한계와 전력 소모 이슈가 있다. 이에 따라 데이터센터나 클라우드 환경에서 GPU 클러스터를 무작정 늘리는 것만으로는 비용 및 에너지 효율 면에서 감당하기 어려운 상황에 직면했다.

최근 텍스트, 이미지, 음성 등 다중양상(Multimodal) 데이터를 동시에 처리하는 생성형 AI 모델이 주목받으면서, 연산 요구량이 폭증하고 있다. 이 같은 추세는 연산량 증가로만 끝나는 것이 아니라, AI 모델 업데이트 주기 역시 짧아져야 하므로 더욱 빠른 학습과 추론 성능이 필요하다. 따라서 전용 AI 하드웨어 가속기에 대한 관심이 자연스럽게 커졌다. 이러한 상황에서 신경망(Neural Networks) 연산, 특히 행렬 곱셈과 합성곱 연산에 특화된 신경망처리 장치(Neural Processing Unit, NPU) 등의 AI 전용 하드웨어 가속기가 등장했다(Schneider & Smalley, 2024a; 2024b). 이러한 특화된 설계로 인해 AI 전용 하드웨어 가속기는 특정 AI 연산 작업에서 GPU보다 훨씬 높은 성능과 에너지 효율을 제공할 수 있다(Ahmed, 2024).

AI 전용 하드웨어 가속기의 가장 큰 장점은 대규모 병렬 연산 능력이다. 예를 들어, NPU는 사람 두뇌의 신경망을 모방한 아키텍처를 활용하여 대규모 연산을 동시에 병렬로 수행할 수 있다(Schneider & Smalley, 2024b). NPU는 GPU의 병렬 처리 성능을 넘어서는 수준으로, 특히 딥러닝과 같은 복잡한 AI 연산 작업에서 성능 향상을 가져온다. 또한, 전용 가속기는 저정밀도 연산을 지원하여 메모리 사용량과 전력 소비도 줄일 수 있다.

CISC vs. RISC 아키텍처

데이터센터용 AI 하드웨어 가속기는 주로 두 가지 CPU 아키텍처에 기반을 두고 구현된다. 첫 번째 구조는 시스크(Complex Instruction Set Computer, CISC)로 복잡하고 다양한 명령어 세트를 사용하여 단일 명령어로 여러 작업을 수행할 수 있지만, 실행에 여러 클록 사이클이 필요할 수 있다. 두 번째 구조는 리스크(Reduced Instruction Set Computer, RISC)로 간단하고 표준화된 명령어 세트를 사용하여 각 명령어가 일반적으로 한 클록 사이클 내에 실행된다. 최근에는 두 접근 방식의 장점을 결합한 하이브리드 설계가 등장하고 있으며, 특히 2010년부터 캘리포니아대학교 버클리 캠퍼스(University of California, Berkeley)에서 개발 중인 오픈소스 아키텍처 리스크 파이브(RISC-V) 채택이 증가하는 추세다(Sharma, 2024).

현재 데이터센터 서버용 AI 하드웨어 가속기의 주류가 된 엔비디아의 GPU들은 대표적인 CISC 구조다. 예를 들면, PTX(Parallel Thread Execution)는 가상 명령어 세트를 사용하는 복잡한 명령어를 포함하고 있고, 단순한 산술 연산뿐만 아니라 복잡한 연산도 지원하고, GPU의 명령어가 고정 길이가 아닌 가변 길이를 가지고 있어 CISC의 특징을 잘 보여 준다. 그러나 최근 엔비디아는 GPU 내부의 특정 컴포넌트, 예를 들면, 제어 프로세서, GPU 시스템 프로세서, 비디오 디코딩, 자원 할당, 전력 관리 등 다양한 기능에 RISC-V 코어를 도입하고 있다(Shilov, 2024; Gangal, 2024). 결과적으로 엔비디아 GPU의 주요 연산 장치는 CISC 아키텍처를 기반으로 하지만, 내부의 특정 컴포넌트에는 RISC-V 아키텍처를 도입한 하이브리드 접근 방식을 취하여 전체적인 성능과 효율을 최적화하고 있다.

NPU의 한 종류인 구글의 텐서처리장치(Tensor Processing Unit, TPU)는 AI 작업, 특히 신경망 연산을 가속하기 위해 설계된 주문형 반도체(Application-Specific Integrated Circuit, ASIC)다. 2016년부터 구글 데이터센터에 사용되기 시작한 TPU는 CISC 기반의 명령어 세트를 채택하여 복잡한 행렬 연산을 효율적으로 처리할 수 있다. 예를 들면, TPU의 행렬 프로세서는 뛰어난 성능 대비 높은 전력 효율을 제공하는데, 1세대 TPU v1의 경우 동시대의 CPU와 GPU 대비 15~30배 빠르며, 전성비는 와트당 30~80배 향상됐다(Sato & Young, 2017).

한편, RISC-V는 전력 소모 측면에서 몇 가지 장점이 있다. 첫째, RISC-V의 개방형 아키텍처는 특정 용도에 맞춰 프로세서를 최적화할 수 있는 유연성을 제공하기 때문에 불필요한 기능을 제거하여 전력 효율성을 높일 수 있다(Ruby, 2024). 둘째, RISC-V는 간단하고 표준화된 명령어 세트를 사용한다. 따라서 복잡한 명령어를 처리하는 데 필요한 트랜지스터 수를 줄여 전력 소비를 감소시킨다. 셋째, RISC-V의 압축 명령어(Zc) 확장을 통해 코드 크기를 최대 21% 줄일 수 있어 메모리 접근 횟수를 줄여 전력 소비를 줄인다(Kurd, 2024).

RISC-V 기반 AI 전용 하드웨어 가속기 시장은 빠르게 성장하고 있으며, 다양한 제품들이 출시되고 있다. 이 중 몇몇 제품을 살펴보자. 메타(Meta)가 개발한 MTIA(Meta Training and Inference Accelerator)는 추천 시스템 같은 AI 연산 작업에 최적화되어 있고, 사이파이브(SiFive)의 Intelligence X390은 RISC-V 기반의 AI 가속기로 엣지 디바이스부터 데이터센터 서버까지 다양한 환경에서 사용할 수 있다. 텐스토렌트(Tenstorrent)의 RISC-V 기반 AI 가속기는 RISC-V CPU 기술과 AI 코어를 결합한 이종 컴퓨팅 설루션으로 성능, 확장성, 에너지 효율을 목표로 설계했다. 대표적인 제품으로는 블랙홀(Blackhole)과 웜홀(Wormhole)이 있으며, 이들은 AI 모델의 훈련 및 추론 작업에서 혁신적인 성능을 제공한다.

저전력 AI 가속기의 핵심 기술

포괄적으로 NPU라 불리는 저전력 AI 전용 하드웨어 가속기는 단순히 높은 연산 성능만을 추구하는 것이 아니라 제한된 전력 환경에서도 최대의 효율을 내도록 설계된다. 특히 AI 연산 가운데 큰 비중을 차지하는 신경망 구조와 딥러닝의 특성을 반영한 연산 구조와 메모리 접근 방식의 최적화가 필요하다.

먼저, NPU의 구조적 특성을 연산 병렬화, 메모리 병렬화 그리고 양자화(Quantization) 관점에서 살펴보자. 연산 병렬화를 위해 NPU는 일반적으로 시스톨릭 배열(Systolic Array) 아키텍처를 사용하여 대규모 병렬 처리와 데이터 재사용을 최대화하고(Jayanth et al., 2024), 수천 개의 MAC(Multiply-Accumulate) 유닛을 병렬로 구성하여 행렬 곱셈을 빠르게 처리할 뿐만 아니라, 하나의 명령어로 다수의 데이터를 동시에 처리할 수 있어 행렬 연산이나 벡터 연산에 적합하다. 메모리 병렬화는 AI 모델의 대용량 데이터, 즉 모델 가중치(Weights), 특성 맵(Feature Maps), 활성화 값(Activation Values), 그래디언트(Gradients)를 여러 메모리 뱅크에 분산 저장하여 메모리 병목 현상을 줄인다. 이를 통해 AI 모델 크기가 커져도 내부 데이터를 최대한 빠르게 교환할 수 있다. NPU는 연산 효율을 높이기 위해 다양한 양자화(Quantization)를 지원한다. 즉, 신경망의 가중치나 활성화 값을 32비트 부동소수점(FP32) 대신 8비트 정수(INT8), 4비트 정수(INT4)와 같은 고정소수점 저정밀도로 표현함으로써 연산 속도와 전력 효율을 높인다(김혜지 외, 2022). 양자화로 인해 AI 모델 정확도가 소폭 감소할 수 있으나, 알고리즘 개선과 병행한다면 실제 사용자 경험에 큰 영향을 주지 않으면서 에너지 사용량을 줄일 수 있다.

다음, 저전력 특성을 달성하기 위해서는 연산 방식과 메모리 구조도 정교하게 설계해야 한다. 이러한 기술은 고정소수점 연산, SRAM/DRAM 접근 최소화, 온칩(On-chip) 메모리 구조 등이 있다. FP32와 같은 부동소수점 연산은 상대적으로 큰 연산 회로와 많은 전력을 요구한다. 반면에 INT8, INT16 같은 고정소수점 연산은 하드웨어 구현이 단순하고 소비전력이 적기 때문에, 동일한 칩 면적에서 더 많은 연산 유닛을 배치하거나 클록 주파수를 낮춰 구동할 수 있어 에너지 효율을 올릴 수 있다. 메모리 접근은 연산보다 더 많은 전력을 소모하는 경우가 많다. SRAM/DRAM 접근 최소화 기술은 이를 줄이기 위해 작은 크기의 SRAM을 칩 내부에 배치하여 자주 사용되는 데이터를 캐싱하거나 버퍼링한다. 외부 DRAM 접근은 지연(Latency)뿐만 아니라 전력 소모도 크므로, 설계 단계에서 가능하면 DRAM 접근 빈도를 대폭 줄일 수 있도록 알고리즘과 하드웨어 구조를 함께 최적화한다. 온칩 메모리 구조는 신경망의 특성에 맞춰 가중치와 입력 데이터를 칩 내부에 최대한 오래 보관하여, 연산과 메모리 접근을 빠르고 효율적으로 진행하게 한다. 예를 들어, 가중치 재사용률이 높은 신경망의 합성곱 층의 경우, 한번 읽어 온 가중치를 여러 번 활용하여 DRAM으로 다시 접근하는 횟수를 줄일 수 있다.

참고문헌

김혜지 외(2022). NPU 반도체를 위한 저정밀도 데이터 타입 개발 동향. ≪전자통신동향분석≫, 37권 1호, 53~62.

Ahmed, M.(2024.8.2). AI accelerators vs. GPUs: What's best for AI engineering?. AI for Developers, https://aifordevelopers.io/ai-accelerators-vs-gpus/

Gangal, S.(2024. 11.6). NVIDIA's RISC-V transformation: How open architecture became central to AI and computing. EDACafe, https://www10.edacafe.com/blogs/guest/2024/11/06/nvidias-risc-v-transformation-how-open-architecture-became-central-to-ai-and-computing/

Jayanth, R., Gupta, N., & Prasanna, V.(2024), "Benchmarking edge AI platforms for high-performance ML inference", arXiv. https://arxiv.org/pdf/2409.14803v1

Kurd, T.(2024.9.16). 3 steps to shrinking your code size, your costs, and your power consumption. Codasip, https://codasip.com/2024/09/16/3-steps-to-shrinking-your-code-size-your-costs-and-your-power-consumption/

Ruby, W.(2024.7.18). How early power analysis drives energy-efficient RISC-V designs. Synopsys, https://www.synopsys.com/blogs/chip-design/risc-v-power-efficiency.html

Sato, K. & Young, C.(2017.5.13). An in-depth look at Google's first tensor processing unit (TPU). Google Cloud, https://cloud.google.com/blog/products/ai-machine-learning/an-in-depth-look-at-googles-first-tensor-processing-unit-tpu?hl=en

Schneider, J. & Smalley, I.(2024a). What's the difference between AI accelerators and GPUs?, IBM. https://www.ibm.com/think/topics/ai-accelerator-vs-gpu

Schneider, J. & Smalley, I.(2024b). What is a neural processing unit (NPU)?, IBM. https://www.ibm.com/think/topics/neural-processing-unit

Sharma, S.(2024.3.6). RISC-V architecture: A comprehensive guide to the open-source ISA. Wevolver, https://www.wevolver.com/article/risc-v-architecture

Shilov, A.(2024). Nvidia to ship a billion of RISC-V cores in 2024. Tom's Hardware, https://www.tomshardware.com/pc-components/gpus/nvidia-to-ship-a-billion-of-risc-v-cores-in-2024

04
메모리와 데이터 이동의 전력 최적화

AI 칩의 전력 효율을 높이려면, 데이터를 멀리 가져가서 계산하던 기존 패러다임을 재검토해야 한다. 캐시 구조를 최적화해 데이터 전송 거리를 줄이고, 메모리 자체에서 연산을 처리하는 메모리 중심 컴퓨팅으로 전환함으로써 불필요한 데이터 이동을 최소화할 수 있다. 나아가 시스템 전반을 유기적으로 설계함으로써 고성능과 저전력이라는 두 마리 토끼를 동시에 잡는 것이 미래 저전력 AI 반도체의 핵심 과제가 될 것이다.

AI와 사주?

AI 칩에서의 데이터 전송과 전력 소비

칩 내부에서 일어나는 전력 소비는 크게 프로세서의 연산 자체에 소모되는 에너지와, 메모리 접근 및 상호 연결(Interconnect)에 의한 데이터 전송 에너지로 나눌 수 있다. 특히 AI 연산의 경우 대규모 데이터 세트를 빠르게 주고받아야 하므로, 메모리와 프로세서 간의 데이터 전송, 특히 오프칩(Off-chip) 메모리 액세스는 데이터 이동 과정에서 소비되는 전력이 매우 크다. 최신 AI 파운데이션 모델의 크기가 증가함에 따라 전력 소모 이슈는 더욱 심각해지고 있어, 데이터 이동을 최소화하고 효율적으로 관리하는 것이 AI 칩의 전력 효율 향상의 핵심이다. 특히 AI 가속기의 주류를 차지하는 GPU 출하량 증가로 인해 데이터센터의 전력 소비가 급증하고 있어, 칩당 전력 소비가 중요한 문제로 대두되고 있다(Lyons-Cunha, 2025).

AI 가속기 칩에서 연산에 필요한 에너지는 중요한 부분이지만, 실제로는 데이터 이동이 차지하는 비중이 의외로 더 크다는 점을 간과해서는 안 된다. 프로세서 코어가 많아지고 메모리와 연산 장치 간의 통신이 잦아질수록, 전체적인 에너지 소비 중 데이터 전송이 차지하는 비율이 급격히 상승한다. 결국 AI 가속기 전반의 에너지 효율을 높이기 위해서는 연산 장치의 효율뿐만 아니라, 메모리 구조와 상호 연결 설계 전반을 개선하는 종합적인 AI 가속기 칩 설계에 대한 접근이 필요하다.

AI 하드웨어 가속기에서는 연산 용도에 따라 적합한 DRAM을 선택하여 성능과 에너지 효율을 최적화하는 것도 중요하다. 예를 들어, 데이터센터의 AI 학습에는 고대역폭 메모리(High Bandwidth Memory, HBM)를 사용하고, AI 추론 연산에는 그래픽 DDR(Graphics Double Data Rate, GDDR) 메모리가 적합할 수 있다. 그러나 엣지 또는 모바일 디바이스는 AI 추론에 사용하므로 저전력 DDR(Low-Power Double Data Rate, LPDDR) 메모리가 적합하다(Messegee, 2025).

저전력 AI 칩 설계를 위한 메모리 아키텍처의 중요성

전통적인 컴퓨팅 아키텍처에서는 프로세서가 모든 연산을 주도하고 메모리는 데이터를 제공하는 보조적 역할을 맡았다. 그러나 AI 및 빅데이터 활용으로 인해 대규모 연산이 필요해지면서, 데이터의 생성 및 저장 위치 근처에서 연산을 수행함으로써 성능과 에너지 효율을 개선하는 '메모리 중심 컴퓨팅(Memory-Centric Computing)' 패러다임이 부상했다(Mutlu, 2023).

메모리 중심 컴퓨팅은 데이터 이동을 최소화하고, 지연 시간 감소, 메모리 대역폭 병목 현상 해결을 통해 시스템 성능과 전력 소모를 개선한다. 주요 메모리 중심 설계 기술은 프로세싱 인 메모리(Processing In Memory), 연산 스토리지(Computational Storage), 캐시 일관성(Cache Coherence) 메모리 아키텍처가 있다(Mutlu et al., 2025; Shadley, 2023; Wikipedia, 2025). 이러한 기술들은 AI 연산에서 큰 이점을 제공할 수 있으며 빅데이터 분석, 인 메모리 데이터베이스 등 대규모 병렬 처리와 메모리 집약적 연산 작업에 효과적이다. 메모리 중심 컴퓨팅은 프로세서 중심의 설계 패러다임의 한계를 극복하고, 시스템의 성능과 에너지 효율을 개선할 수 있는 잠재력을 가지고 있다.

AI 하드웨어 가속기의 저전력 설계에서 메모리 뱅크 분할은 중요한 역할을 한다. 이 기술은 메모리를 여러 독립적인 뱅크로 나누어 AI 연산 작업의 특성에 맞게 메모리 접근을 최적화한다. 메모리 뱅크 분할을 통해 필요한 뱅크는 활성화하고 나머지는 저전력 상태로 유지함으로써 동적 및 정적 전력 소비를 줄일 수 있을 뿐만 아니라, 병렬 처리 효율을 높이고 메모리 대역폭을 향상한다. 특히 멀티코어 환경에서 메모리 성능을 최적화하는 데 기여한다. 예를 들어, Untether AI사의 speedAI® 아키텍처는 각 메모리 뱅크에 512개의 처리 요소를 직접 연결하여 에너지 효율적인 데이터 흐름을 구현했다(Untether AI, 2022).

한편, 새로운 메모리 기술인 자기 저항 메모리(Magnetic Random Access Memory, MRAM) 기반 메모리 내 컴퓨팅(In-memory Computing)을 구현하여 저전력 AI 칩을 구현할 수 있다(장경윤, 2022). 또한, ReRAM(Resistive Random Access Memory)(Chen, 2020) 등의 비휘발성 메모리를 통합하여 AI 칩의 대기 전력을 줄이고 전체적인 에너지 효율을 개선할 수 있다.

AI 가속기를 위한 온칩 캐시 최적화 기법

AI 하드웨어 가속기의 온칩 캐시(On-chip Cache) 설계를 효율화하면 데이터 이동 거리를 줄이고 접근 시간을 단축하여 전력 소모를 절감할 수 있다. 메모리 뱅크 분할 기술은 메모리를 여러 독립적인 뱅크로 나누어 필요한 부분만 활성화함으로써 동적 전력 소비를 크게 줄일 수 있다. 또한, 하이브리드 캐시 아키텍처를 사용하여 표준셀 메모리와 SRAM을 혼합함으로써 캐시 면적 제약 아래서 에너지 소비를 최소화할 수 있다(Pacini et al., 2021). 이러한 기법들은 온칩 캐시의 성능을 향상하고 전력 소비를 줄이는 데 효과적이다.

다단계 캐시 구조와 캐시 교체 알고리즘 최적화도 중요한 온칩 캐시 최적화 기법이다. 다단계 캐시를 사용하여 성능을 향상할 수 있으며, 캐시 라인 크기, 교체 알고리즘, 쓰기 정책 등을 최적화하여 캐시의 효율성을 높일 수 있다. 특히, L1 캐시와 L2 캐시의 크기 비율을 적절히 조절하여 전체 캐시 적중률을 최적화할 수 있다(Pacini et al., 2021). 이러한 최적화는 프로세서의 외부 활동을 줄여 실행 시간을 가속하고 전체 시스템의 성능을 향상할 수 있다.

STT-RAM(Spin-Transfer Torque RAM)과 같은 새로운 메모리 기술을 활용한 온칩 캐시 최적화 기법도 연구되고 있다(김남형, 2019). STT-RAM은 SRAM의 단점을 보완하기 위해 더 높은 집적도와 낮은 대기 전력을 소모하는 새로운 메모리 기술로 SRAM을 대체할 수 있다. 분산 하이브리드 캐시 구조에서는 뱅크-내부 최적화와 뱅크 간 최적화 기술을 통해 SRAM의 활용도를 높이고 에너지 소비를 줄일 수 있다. 이러한 최신 기술들은 온칩 캐시의 성능과 에너지 효율을 더욱 향상하는 데 기여하고 있다.

차세대 저전력 AI 칩을 위한 혁신적 접근법

메모리 내 처리(Processing In Memory, PIM) 기술은 메모리 내부에서 직접 연산을 수행함으로써 데이터 이동을 극단적으로 줄이는 혁신적인 접근법이다(Mutlu et al., 2025). PIM은 메모리의 아날로그 특성을 활용하여 대규모 병렬 연산을 효율적으로 수행할 수 있게 한다. 특히 행렬 곱셈, 합성곱 연산 등 AI 작업에서 자주 사용되는 연산에 매우 효과적이며, 전통적인 폰 노이만 아키텍처의 한계를 극복하여 에너지 효율과 성능을 개선한다(Awati, 2022).

근접 메모리 컴퓨팅(Near-Memory Processing) 기술은 메모리 제어기나 3차원 스택 메모리의 로직 층에 처리 능력을 통합하여 메모리 대역폭을 향상하고 지연 시간을 감소시키는 기술이다(Lapedus, 2019). 이 접근법은 메모리와 프로세서 사이의 물리적 거리를 최소화하여 데이터 이동에 따른 에너지 손실을 줄인다. 특히 HBM과 결합할 때 큰 효과를 발휘하며, 그래프 처리, 데이터베이스 질의, 추론 등 메모리 집약적인 AI 작업에서 성능과 에너지 효율을 개선할 수 있다.

참고문헌

김남형(2019). STT-RAM을 이용한 에너지 효율적인 캐시 설계 기술. 서울대학교 대학원 박사 학위 논문.

장경윤(2022.1.13). 삼성전자, 최첨단 메모리 기술로 저전력 AI칩 개발 박차. THEELEC, https://news.skhynix.co.kr/post/ultra-low-power-next-generation

Awati, R.(2022). Processing in memory(PIM). TechTarget, https://www.techtarget.com/searchbusinessanalytics/definition/processing-in-memory-PIM

Chen, Y.(2020). ReRAM: History, Status, and Future. *IEEE Transactions on Electron Devices, 67*(4), 1420~1433.

Lapedus, M.(2019.2.21). In-memory vs. Near-memory computing. Semicoductor Engineering, https://semiengineering.com/in-memory-vs-near-memory-computing/

Lyons-Cunha, J.(2025.1.23). AI energy consumption: Is it a problem?. Built In, https://builtin.com/artificial-intelligence/ai-energy-consumption

Messegee, T.(2025.1.16). Choosing The Right Memory Solution For AI Accelerators. Semiconductor Engineering, https://semiengineering.com/choosing-the-right-memory-solution-for-ai-accelerators/

Mutlu, O.(2023). Memory-Centric Computing, arXiv. https://arxiv.org/abs/2305.20000

Mutlu, O., et al.(2025). A modern primer on processing in memory, arXiv. https://arxiv.org/abs/2012.03112

Pacini, T. et al.(2021). A multi-cache system for on-chip memory optimization in FPGA-based CNN accelerators. *Electronics, 10,* 2514.

Shadley, S.(2023.10.24). 컴퓨테이셔널 스토리지(Computational Storage)의 미래는 어떻게 될까요?. Solidigm, https://www.solidigmtechnology.kr/products/technology/future-of-computational-storage.html

Untether AI(2023.8.23). Untether AI unveils its second-generation at-memory compute architecture at Hot Chips 2022. https://www.untether.ai/untether-ai-unveils-its-second-generation-at-memory-compute-architecture-at-hot-chips-2022/

Wikipedia(2025.1.18). Cache coherence. https://en.wikipedia.org/wiki/Cache_coherence

05
AI 모델 경량화의 저전력 접근

AI의 미래는 효율성에 있다. AI 모델의 효율성 향상을 위해 모델 프루닝, 양자화, 지식 증류, 혁신적인 네트워크 설계와 같은 경량화 기술을 활용한다. 스마트폰부터 사물인터넷 센서까지, 어디서나 AI 모델이 적은 전력으로도 동작할 수 있도록 더 작고, 더 빠르고, 더 똑똑하게 구현해야 한다.

AI와 아이돌?

AI 모델 경량화

AI 모델 경량화(Model Compression)는 딥러닝 모델의 크기와 복잡도를 줄여 연산 장치, 메모리, 전력 등 적은 자원으로, 효율적으로 작동하도록 만드는 기술이다. 모델 경량화의 장점은 자원의 효율성, 속도 향상, 비용 절감이다. 모바일 디바이스 등 연산 및 메모리 자원이 제한된 환경에서 경량화 AI 모델은 더 적은 자원으로 필요한 성능을 발휘할 수 있게 한다.

경량화를 통해 AI 모델 크기가 작아지면 데이터 처리 속도와 응답이 빨라져 자율주행과 같은 실시간 처리가 필요한 응용에 도움이 된다. 또한, AI 모델 경량화를 통해서 데이터센터 서버 유지 비용과 클라우드 연산 비용을 낮출 수 있다(키키월드, 2024). AI 모델 경량화 기술은 모델 프루닝(Pruning), 양자화(Quantization), 지식 증류(Knowledge Distillation), 효율적인 신경망 구조 설계 등이 있다.

모델 프루닝

모델 프루닝은 AI 모델에서 중요도가 낮은 뉴런이나 가중치를 제거하여 모델을 간소화하는 과정이다. 마치 나무의 가지치기와 비슷한 개념으로, AI 모델의 크기를 줄이면서도 성능은 크게 저하되지 않는다. 프루닝 방법은 구조적 프루닝(Structured Pruning)과 비구조적 프루닝(Unstructured Pruning)으로 나뉜다(Neo, 2024).

구조적 프루닝은 특정 가중치의 그룹 전체를 제거함으로써, AI 모델의 가중치 그래프를 통과하는 순방향 계산에서 필요한 연산량을 줄인다. 이를 통해 AI 모델 크기와 추론 속도에 실질적인 개선을 가져온다. 다양한 AI 모델 아키텍처에서 정확도를 유지하면서 추론 속도를 절반으로 줄이는 강력한 성능을 보여 주었다(Fang et al., 2023). 구조적 프루닝 방법은 더 정밀하고 의도적으로 설계되어야 하며, 가중치 그룹 전체를 프루닝할 때 해당 노드와 그래프 내 다른 노드 간의 관계에 미치는 영향을 고려해야 한다. 따라서 이 과정에는 더 적응적인 프로세스가 필요하며, 임의로 적용할 경우 성능에 치명적인 영향을 미칠 수 있다.

비구조적 프루닝은 더 단순하고 다소 직관적인 방식의 프루닝으로, 진입 장벽이 낮아 접근성이 좋은 방법이다. 일반적인 비구조적 프루닝 방법은 개별 파라미터를 프루닝할지 여부를 결정하기 위해 가중치 자체나 활성화 값에 따라 최소 임곗값을 설정한다. 파라미터가 임곗값에 미치지 못할 경우, 해당 값은 0으로 설정된다. 비구조적 프루닝은 가중치 행렬 내 개별 가중치를 0으로 설정하는 방식을 사용하므로, 모델 프루닝 이전의 모든 계산이 그대로 수행되며, 이에 따라 추론 지연 개선 효과는 최소화된다. 반면에, 이 방법은 모델 가중치를 정리하여 보다 일관된 추론을 가능하게 하고, 무손실 모델 압축을 통해 모델 크기를 줄이는 데 기여할 수 있다. 이렇게 단순하고 데이터가 필요 없는 방식이 모델 가중치를 50% 이상 줄이지만, 정확도는 1% 미만으로 떨어지는 효과를 보여 주었다(Lazarevich et al., 2021).

양자화를 통한 연산 간소화

양자화는 딥러닝 모델의 가중치와 활성화 값을 더 적은 비트 수로 표현하여 계산을 간소화하는 기법이다. 일반적으로 32비트 부동소수점(FP32)을 사용하는 대신, 8비트 정수(INT8)나 심지어 1~2비트의 이진 표현으로 변환함으로써 모델의 크기를 대폭 줄이고 연산 속도를 높일 수 있다.

양자화에는 훈련 후 양자화(Post Training Quantization, PTQ)와 양자화 인식 훈련(Quantization Aware Training, QAT)의 두 가지 주요 접근 방식이 있다(조재훈, 2024). PTQ는 이미 훈련된 모델에 적용되어 빠르고 간단하지만, 정확도 손실이 있을 수 있다. 반면에 QAT는 훈련 과정에서 양자화의 효과를 모의 실험하여 정확도 손실을 최소화할 수 있다(Ashkboos et al., 2024). 최근에는 혼합 정밀도 양자화 기법을 통해 모델의 각 부분에 대해 최적의 비트 폭을 자동으로 선택하는 방법이 제안되어, 정확도와 효율성 사이의 더 나은 균형을 달성하고 있다(Tang et al., 2022). 이러한 발전은 엣지 AI와 온디바이스 AI 응용 확장에 기여하고 있다.

지식 증류

지식 증류는 대형 모델(교사 모델, Teacher Model)이 학습한 일반화된 지식을 소형 모델(학생 모델, Student Model)로 전달하여 더 작고 계산 효율적인 모델로 경량화하지만, 성능을 유지하는 압축 기법이다(Hinton et al., 2015). 교사 모델은 단순한 정답(Label 또는 Hard Targets) 대신, 클래스 간의 확률 분포(Soft Targets)를 제공하여 학생 모델이 더욱 풍부한 정보로 학습할 수 있도록 돕는다. 학생 모델은 학습 데이터뿐만 아니라 교사 모델이 내린 결론의 근거까지 학습하게 되어, 모델 경량화와 일반화 성능 향상을 동시에 달성할 수 있다. 이 방법은 모델 압축뿐만 아니라 전이 학습(Transfer Learning)과 준지도 학습(Semi-supervised Learning) 등 다양한 영역에서 성공적으로 적용되고 있다(Guo et al., 2021). 최근 연구에서는 지식 증류를 신경망 아키텍처 탐색(Neural Architecture Search)과 결합하거나, 다중 계층 간 연결 경로에 활용하여 더욱 효율적인 모델을 설계하였다(Chen et al., 2021).

지식 증류는 모바일 디바이스나 엣지 컴퓨팅 환경에서 고성능 AI 모델을 효율적으로 배포하는 데 기여하고 있다. 예를 들면, 모바일 및 임베디드 디바이스에서 AI 모델을 실행할 때 전력 소비를 줄이고 계산 속도를 높이는 데 유용하며, MobileNet, TinyBERT 같은 경량 AI 모델 개발에 널리 활용된다. 또한, 대규모 언어 모델(GPT, BERT 등)의 성능을 유지하면서도 계산량을 줄이는 데 효과적이며, 다중양상(Multimodal) 데이터 통합 및 서버-클라이언트 AI 환경에서도 적용된다.

효율적인 신경망 구조 설계

효율적인 신경망 구조 설계는 딥러닝 모델의 성능을 유지하면서 계산 복잡성과 메모리 사용량을 줄이는 것을 목표로 한다. MobileNet에서 제안된 깊이별 분리 가능한 합성곱(Depthwise Separable Convolutions)은 이러한 접근의 대표적인 예다. 이 기법은 표준 합성곱을 깊이별 합성곱과 점별(Pointwise) 합성곱으로 분리하여 파라미터 수와 연산량을 줄인다(Guo et al., 2018). ShuffleNet에서 소개된 채널 셔플링(Channel Shuffling) 기법은 그룹 합성곱의 효과를 높이기 위해 채널 간 정보를 효율적으로 섞는 방법을 제시했다(Zhang et al., 2017). 이러한 혁신적인 구조들은 모바일 및 임베디드 시스템에서 딥러닝 모델의 실시간 추론을 가능하게 했다.

최근에 신경망 구조 탐색(Neural Architecture Search, NAS)을 통해 자동으로 효율적인 네트워크 구조를 찾는 연구가 활발히 진행됐다(Elsken et al., 2019). NAS는 신경망의 토폴로지를 최적화하고, 노드 연결 방식과 연산자 선택을 자동화한다. 이를 통해 정확도, 모델 크기, 추론 시간 등 사용자가 정의한 최적화 지표에 따라 특정 응용에 최적화된 구조를 찾을 수 있다. 이러한 접근법들은 효율적인 신경망 구조 설계를 자동화하고, 다양한 하드웨어 환경에 맞춤형 모델을 빠르게 배포할 수 있게 함으로써 AI의 실용성을 높일 수 있다.

참고문헌

조재훈(2024.9.3). [딥러닝 경량화] 딥러닝 네트워크 양자화(quantization)는 왜 필요할까?. HMG Developers. https://developers.hyundaimotorgroup.com/blog/481

키키월드(2024.10.1). AI모델 경량화의 모든 것. https://kiki-world.com/46

Ashkboos, S. et al.(2024). EfQAT: An efficient framework for quantization-aware training, arXiv. https://arxiv.org/abs/2411.11038

Chen, P. et al (2021). Distilling knowledge via knowledge review, IEEE/CVF Conference on Computer Vision and Pattern Recognition(CVPR), 5008~5017.

Elsken, T., Metzen, J. H., & Hutter, F.(2019). Neural architecture search: A survey. *Journal of Machine Learning Research,* 20, 1~21.

Fang, G. et al.(2023). DepGraph: Towards any structural pruning, arXiv. https://arxiv.org/abs/2301.12900

Guo, J. et al. (2018). Network decoupling: From regular to depthwise separable convolutions, arXiv. https://arxiv.org/abs/1808.05517

Hinton G. E., Vinyals, O., & Dena, J.(2025). Distilling the knowledge in a neural network, arXiv. https://arxiv.org/abs/1503.02531

Lazarevich, I. et al.(2021). Post-training deep neural network pruning via layer-wise calibration, arXiv. https://arxiv.org/abs/2104.15023

Neo, M.(2024.2.29). A comprehensive guide to neural network model pruning. Datature. https://www.datature.io/blog/a-comprehensive-guide-to-neural-network-model-pruning

Tang, C. et al.(2022). Mixed-precision neural network

quantization via learned layer-wise importance, European Conference on Computer Vision(EECV). https://arxiv.org/abs/2203.08368

Zhang, X. et al.(2018). ShuffleNet: An extremely efficient convolutional neural network for mobile devices, IEEE/CVF Conference on Computer Vision and Pattern Recognition (CVPR), 6848~6856.

06
엣지 AI와 사물인터넷을 위한 저전력 반도체

엣지 AI와 저전력 반도체 기술은 데이터 처리의 패러다임을 혁신적으로 변화시키고 있다. 데이터 소스에 가까운 곳에서 실시간으로 데이터를 처리하는 기술과 초저전력 AI 칩 설계 기술은 더 빠르고, 안전하며, 효율적인 AI 설루션을 가능케 한다. 이러한 기술의 발전은 엣지 AI와 사물인터넷 기술을 필요로 하는 산업 자동화, 헬스케어에 이르기까지 다양한 분야에서 혁신을 주도한다.

AI와 야구?

엣지 AI와 사물인터넷: 기술 융합의 새로운 시대

엣지 AI와 사물인터넷(Internet of Things, IoT)의 결합은 데이터 처리 속도를 향상하고 실시간 분석을 가능하게 하여 스마트 기술의 새로운 시대를 열고 있다. 전통적인 사물인터넷 디바이스는 데이터를 클라우드로 전송한 후 처리하는 방식이지만, 엣지 AI는 디바이스 자체에서 AI 연산을 수행하여 지연 시간과 전송 비용을 줄인다(NVIDIA Korea, 2022). 이를 통해 스마트홈, 헬스케어, 자율주행, 산업 자동화 등 다양한 분야에서 더 지능적이고 빠른 대응이 가능해지고 있으며, 효율적으로 에너지를 소비하고 보안성이 강화된 설루션을 제공하고 있다.

전통적인 클라우드 기반 AI 시스템은 대량의 데이터를 원격 서버에서 처리해야 하는 한계를 가지고 있으며, 이에 따른 높은 통신 네트워크 대역폭 비용과 데이터 전송 지연 문제가 발생한다. 반면, 엣지 AI는 데이터가 생성되는 디바이스 근처에서 직접 데이터를 처리함으로써 실시간성을 극대화하고 네트워크 부담을 줄인다(Edge Impulse Team, 2024). 특히, 보안이 중요한 의료 데이터나 자율주행차의 센서 데이터처럼 즉각적인 의사 결정이 필요한 분야에서 엣지 AI는 필수적인 기술로 자리 잡고 있다. 클라우드 AI에서 엣지 AI로의 패러다임 변화는 AI 반도체의 발전과 함께 가속화되고 있으며, 효율적인 데이터 처리를 위한 새로운 아키텍처 개발이 지속적으로 이루어지고 있다.

초저전력 반도체: 엣지 AI의 핵심 기술

엣지 디바이스는 배터리 수명, 발열 관리 등의 전력 관련 도전 과제에 직면해 있다(Arrow, 2021). 많은 엣지 디바이스가 원격 지역이나 열악한 환경에 배치되어 장기간 사람의 개입 없이 작동해야 하므로, 전력 소스의 신뢰성이 중요하다. 또한 기능적 안전 요구 사항을 충족하고 AI가 정확하고 빠른 추론을 수행하여 실시간으로 중요한 결정을 지원할 수 있도록 해야 한다.

엣지 AI, 사물인터넷 및 웨어러블 디바이스 보급이 확대되면서 배터리 수명이 긴 저전력 반도체 기술이 필수적으로 요구되고 있다. 이러한 디바이스에 사용되는 저전력 반도체들은 동작 전압이 낮아 에너지 효율이 높고 고성능을 제공하는 완전 공핍형 실리콘-온-인슐레이터(Fully Depleted Silicon on Insulator, FD-SOI) 기술을 사용한 반도체 제조 공정에서 주로 생산되고 있다(삼성전자, 2023). 최근에 하이엔드 스마트워치 등 웨어러블 디바이스용 AP(Application Processor)는 3차원 트랜지스터 구조로 전력 효율이 높은 FinFET(Fin Field-Effect Transistor) 공정에서 생산되고 있으나, 저가형 엣지 디바이스용 반도체로 확산하기에는 아직 웨이퍼 가격이 높은 상황이다.

또한, 특정 작업에 최적화된 경량 프로세서가 있어야 하는 엣지 AI 시스템용 반도체에는 리스크-파이브(RISC-V) 같은 오픈소스 기반 저전력 프로세서 아키텍처가 주목받고 있다(석대건, 2024). 이러한 기술은 전력 소모를 최소화하면서도 AI 연산을 위한 충분한 성능을 제공하여, 배터리 기반의 엣지 디바이스에서도 원활한 AI 실행이 가능하도록 지원한다.

엣지 AI 시스템에서의 효율적인 데이터 처리를 위해 기존 CPU나 GPU보다 저전력, 고성능을 제공하는 AI 전용 반도체인 NPU(Neural Processing Unit)가 개발되고 있다. NPU는 딥러닝 연산에 최적화되어 있으며, 전력 소모를 줄이면서도 높은 병렬 연산 성능을 제공한다. 또한, NPU는 특정 AI 알고리즘을 빠르고 효율적으로 처리하기 위해 맞춤형으로 설계된 ASIC(Application-Specific Integrated Circuit) 칩으로 전력 효율이 뛰어나지만, 유연성이 제한된다. 한편 NPU는 FPGA(Field-Programmable Gate Array) 칩으로 개발되기도 한다. FPGA는 다양한 용도에 맞게 프로그래밍 가능하도록 설계된 다목적 칩으로서 제조사에서 출시된 이후에도 재프로그래밍을 통해 재구성이 가능하여 다양한 AI 모델을 실행할 수 있어 유연성이 필요할 때 유용하게 사용된다. 이러한 반도체 기술을 통해 엣지 디바이스에서도 실시간 AI 연산이 가능해지고 있으며, 더욱 발전된 저전력 AI 하드웨어 설루션이 지속적으로 개발되고 있다.

엣지 및 사물인터넷용 저전력 AI 프로세서

엣지 및 사물인터넷에서의 저전력 AI 프로세서 응용은 디바이스의 성능과 효율을 높이는 인공지능 사물인터넷(AIoT) 기술로 자리 잡고 있다. 이러한 AI 칩은 초저전력 설계로 제작되어 배터리 수명을 연장하며(양대규, 2020), 온디바이스 처리 기능을 통해 데이터를 클라우드로 전송하지 않고 디바이스 내에서 직접 처리하여 지연 시간을 줄이고 프라이버시를 강화한다. 또한, 소형화된 설계 덕분에 다양한 엣지 및 사물인터넷 디바이스에 적용할 수 있어, 제한된 공간에서도 효과적으로 작동한다. 최근 엣지 및 사물인터넷 디바이스 용도로 다양한 저전력 NPU 제품들이 출시되고 있다. 몇몇 제품의 예를 들어 보

자. BrainChip의 초소형·초저전력 NPU 제품 Akida Pico(Elliot, 2024), Arm의 엣지 AI를 위한 3세대 NPU Ethos-U85(Arm, 2024), Ceva의 NeuPro-Nano NPU(Ceva, 2024), 엣지 디바이스를 위한 고성능·저전력 AI 프로세서인 Hailo의 Hailo-8 AI Accelerator(Hailo, 2024), 구글의 Coral Edge TPU(Coral AI, 2025) 등이 있다.

저전력 AI 칩은 스마트홈, 산업용 사물인터넷, 웨어러블 디바이스, 스마트 시티 등 여러 분야에서 광범위하게 활용된다(세상의모든지식, 2024; 김영우, 2024). 예를 들어, 스마트홈에서는 에너지 관리와 보안 시스템을 개선하고, 산업용 사물인터넷에서는 예측 유지보수와 품질 관리를 통해 생산성을 높인다. 웨어러블 디바이스에서는 건강 모니터링과 활동 추적 기능을 저전력으로 구현하여 사용자에게 더 나은 경험을 제공하고, 스마트 시티에서는 교통 관리와 환경 모니터링을 통해 도시 인프라를 최적화하는 데 기여한다. 이러한 저전력 AI 칩의 발전은 사물인터넷 디바이스의 성능을 더욱 향상하며, 앞으로도 다양한 혁신적인 응용 사례가 등장할 것으로 기대된다.

엣지 AI 개발을 위한 도구와 생태계 구축

엣지 AI 개발을 위한 도구와 생태계 구축은 이 분야의 지속적인 발전과 혁신에 중요한 역할을 한다. TensorFlow Lite, PyTorch Mobile과 같은 주요 엣지 AI 개발 프레임워크는 개발자들이 효율적으로 엣지 디바이스용 AI 모델을 설계하고, 최적화하여, 배포할 수 있게 해 준다(Wevolver, 2023). 이러한 프레임워크는 모델 경량화, 하드웨어 가속화, 크로스 플랫폼 호환성 등을 지원하여 다양한 엣지 디바이스에서 AI 애플리케이션을 구현할 수 있도록 도와준다.

엣지 AI 생태계 발전을 위해서는 기업, 연구 기관, 오픈소스 커뮤니티 간 협력과 표준화 노력이 필수다. 이러한 협력을 통해 기술 공유, 상호 운용성 확보, 보안 강화 등이 이루어지며, 이는 엣지 AI 기술의 빠른 발전과 광범위한 적용을 가능하게 한다(Manditereza, 2024). 이러한 생태계 구축 노력은 엣지 AI 기술의 성숙도를 높이고, 더 많은 혁신적인 응용 사례를 창출하는 데 기여할 것이다.

참고문헌

김영우(2024.2.13). 매스웍스코리아 김영우 전무, "엣지 AI: IoT 기기 실시간 의사결정 지원으로 온디바이스 AI로 진화!".

인공지능신문,
https://www.aitimes.kr/news/articleView.html?idxno=30311
삼성전자(2023). FD-SOI, 세상을 뒤집어 한계를 극복하는 Foundry 사업부의 솔루션.
https://semiconductor.samsung.com/kr/news-events/tech-blog/fd-soi-the-disruptive-innovation-samsung-foundry-is-leading-to-overcome-the-limits/
석대건(2024.2.20). 반도체 업계, 저전력·고효율 'RISC-V' 아키텍처 주목. Digital Today,
https://www.digitaltoday.co.kr/news/articleView.html?idxno=506439
세상의모든지식(2024.9.11). [Behind the CHIP] AI와 반도체: 인공지능 시대를 여는 핵심 기술. Samsung Semiconductor Newsroom. https://bit.ly/3Tl3Xkc
양대규(2020.10.8). '손 안의 AI 기기'…초소형·저전력 엣지 AI 추론 반도체 등장, 인공지능신문.
https://www.aitimes.com/news/articleView.html?idxno=132701
Arm(2024). Ethos-U85.
https://www.arm.com/products/silicon-ip-cpu/ethos/ethos-u85
Arrow(2021.12.15). Memory demands at the edge balance performance with power constraints.
https://www.arrow.com/en/research-and-events/articles/memory-demands-at-the-edge-balance-performance-with-power-constraints
Ceva(2024.6.24). Ceva Extends its Smart Edge IP Leadership, Adding New TinyML Optimized NPUs for AIoT Devices to Enable Edge AI Everywhere. Edge AI and Vision Alliance.

https://www.edge-ai-vision.com/2024/06/ceva-extends-its-smart-edge-ip-leadership-adding-new-tinyml-optimized-npus-for-aiot-devices-to-enable-edge-ai-everywhere/

Coral AI(2025). Products-Helping you bring local AI to applications from prototype to production. https://coral.ai/products/

Edge Impulse Team(2024.7.18). The convergence of edge AI and cloud: Making the right choice for your AI strategy. Edge Impulse Blog Post. https://www.edgeimpulse.com/blog/edge-ai-vs-cloud-computing-making-the-right-choice-for-your-ai-strategy/

Elliot, M.(2024.10.1). BrainChipunveils ultra-low power NPU. Electronic Specifier, https://www.electronicspecifier.com/products/artificial-intelligence/brainchip-unveils-ultra-low-power-npu

Hailo(2024). Hailo-8 AI Accelerator. https://hailo.ai/products/ai-accelerators/hailo-8-ai-accelerator/

Manditereza, K.(2024). Unleashing the Potential of Edge AI: Standardizing Data for Enhanced Quality and Interoperability. Automation. https://www.automation.com/en-us/articles/february-2024/edge-ai-standardizing-data-quality

NVIDIA Korea(2022.2.22). '엣지 AI' 해부하기. https://blogs.nvidia.co.kr/blog/what-is-edge-ai/

Wevolver(2023). 2023 Edge AI Technology Report. Chapter III: Edge AI Platforms. https://www.wevolver.com/article/2023-edge-ai-technology-report-chapter-iii-edge-ai-platforms

07
스마트폰의 두뇌: 저전력 AI를 실현하는 AP

스마트폰의 두뇌, 애플리케이션 프로세서는 단순한 연산 장치를 넘어 AI 혁신을 이끄는 핵심 엔진으로 진화하고 있다. 고성능과 저전력이라는 목표를 동시에 달성하기 위해 NPU 통합, 공정 미세화, 메모리 최적화 기술을 결합하고 있으며, 머지않은 6세대 이동통신과 엣지 AI 시대를 맞아 AP의 역할은 더욱 확대될 것이다. 스마트폰을 넘어 웨어러블, 사물인터넷 디바이스까지 확장되는 저전력 AP의 발전은 우리 일상을 더 지능적이고 효율적으로 변화시킬 것이다.

AI와 운동주?

스마트폰의 두뇌: AP의 진화와 역할

모바일 애플리케이션 프로세서(Application Processor, AP)는 스마트폰, 태블릿 PC와 같은 모바일 디바이스의 두뇌라고 할 수 있다. 즉, 운영체제 실행, 데이터 처리, 그래픽 연산, 통신 등 스마트폰의 모든 핵심 작업을 수행한다. AP는 단일코어(Single Core)에서 멀티코어(Multi-Core) CPU로 진화하였고, GPU를 추가하여 이종 컴퓨팅(Heterogeneous Computing) 아키텍처로 발전하였으며, 데스크톱 수준의 성능을 제공하고 있다. 또한, 무선연결(Wireless Connectivity)을 위해 무선 통신 모뎀(Cellular Modem), 블루투스(Bluetooth) 및 와이파이(Wi-Fi) 모듈까지 통합된 SoC(System on Chip)로 발전하였다. 최근에는 AI 연산이 중요해지면서 NPU와 같은 AI 전용 프로세서가 AP 안에 통합되어 실시간 AI 응용 프로그램 실행까지 가능해졌다.

최신 스마트폰용 AP는 칩 제조사에 따라 차이가 있으나 칩(Chip) 또는 다이(Die) 크기 기준으로 대략 90~150제곱밀리미터(mm^2) 정도의 면적을 갖고 있다. 정사각형의 한 면의 길이로 환산하면 대략 9.5~12.3밀리미터 정도의 엄지손톱만 한 크기다. 예를 들면, 아이폰16 프로 (iPhone 16 Pro) 스마트폰에 적용된 AP인 A18 Pro

는 다이 크기가 109.7mm^{2}이며 170억 3000(17.3B)~180억(18.0B) 개 정도의 트랜지스터가 집적된 것으로 알려져 있다. 이와 같이 작은 AP는 제품 종류에 따라 CPU, GPU, NPU, 무선 통신 모뎀 등 다양한 컴퓨팅 장치, 무선 통신 장치, 메모리 등 다양한 블록들이 반도체 다이 위에 마치 모자이크처럼 배치되어 유기적으로 연결되어 있다.

CPU는 시스템 자원 관리, 작업 스케줄링, 일반적인 연산을 담당하고, 운영체제와 애플리케이션의 기본적인 기능을 효율적으로 처리한다. 현존하는 AP의 거의 모든 CPU 블록은 ARM Cortex 아키텍처(Wikipedia, 2025)를 기반으로 하고 있으며, 보통 6~10개의 크고 작은 코어로 혼합 구성되어 있다. ARM의 'big.LITTLE' 아키텍처는 이종 처리(Heterogeneous Processing) 기술로, 고성능(big) 코어와 저전력(LITTLE) 코어를 조합하여 성능과 전력 효율성을 동시에 극대화하는 방식으로 운영된다. 최근에는 ARM의 다이내믹(DynamIQ) 아키텍처가 도입되면서 더 높은 성능, 적은 전력 소모, 효율적인 코어 조합을 통해 최적으로 CPU 코어들을 운영하고 있다. 예를 들면, 삼성 Exynos 2400 AP의 CPU는 ARM Cortex 아키텍처에 기반한 10개 코어(Deca Core), 트라이 클러스터(TriCluster)로 구성되어 있다. 각 클러스터는 빅 코어(Cortex®-X4,

13.2GHz) 1개, 또 다른 빅 코어(Cortex®-A720, 2.9GHz) 5개, 리틀 코어(Cortex®-A520, 1.95GHz) 4개를 갖고 있다(Samsung, 2024).

GPU는 스마트폰의 그래픽 및 병렬 연산을 담당하며 모바일 AP 내에서 중요한 역할을 수행한다. 초기에는 주로 게임 및 사용자 인터페이스(User Interface) 렌더링에 사용되었으나 현재는 AI 연산, 고해상도 영상 처리, 카메라 이미지 후처리, 증강현실(AR)과 가상현실(VR) 지원 등 다양한 작업을 담당하는 다목적 프로세서로 발전했다.

저전력 AI를 위한 AP의 혁신

앞서 언급한 바와 같이 최근 스마트폰 AP에는 AI 연산을 가속하기 위한 전용 하드웨어인 NPU가 자리하고 있다. NPU는 AI 연산을 전담하는 프로세서로, 모바일 AP에서 점점 더 역할이 중요해지고 있다. 기존에는 CPU나 GPU가 AI 연산을 처리했지만, AI 연산이 더욱 복잡하고 연산량이 증가하면서, AI 연산 가속을 위해 NPU가 도입되었다. 스마트폰에서 NPU가 담당하는 가능은 AI 가속(딥러닝 연산 최적화), AI 기반 카메라 기능(사진 및 동영상 후처리), 음성 인식 및 자연어 처리(AI 비서, 번역 기능), 배터리 절약 및 전력 효율 향상, 보안 및 개인정보 보호 강화 등이 있다. 앞으로 NPU는 AP 내에서 더욱 발전하여 스마트폰에서 더 정교한 AI 기능을 저전력, 실시간으로 실행할 수 있는 온디바이스 AI의 주류가 될 것으로 예상된다.

하이엔드 스마트폰에 적용되는 AP는 가장 앞선 반도체 공정 기술을 적용한다. 예를 들면, 2024년 하반기에 출시된 아이폰16 시리즈, 2025년 1월에 출시된 갤럭시 S25 시리즈에 적용된 AP는 현존하는 최고 선단 공정인 3나노미터(nm) 공정에서 생산된다. AP를 선단 공정에서 생산하면 전력 · 성능 · 면적(Power, Performance and Area, PPA)을 개선할 수 있다. TSMC의 3nm 공정은 이전 공정인 5nm 공정에 비해 전력은 32% 줄일 수 있고, 성능은 18% 개선할 수 있으며, 칩 면적은 37.5% 줄일 수 있다(Shilov, 2023). 이와 같이 미세 공정은 새로운 트랜지스터 구조를 설계하여 전력 요구량 감소, 반도체 성능 향상과 반도체 크기 감소를 끌어낼 수 있다. 모바일 AP는 성능 향상과 전력 효율을 높일 수 있는 2nm 공정 기술로의 미세화가 진행되고 있다(Hwang & Kim, 2024).

AI 연산 최적화: NPU와 이종 컴퓨팅의 역할

모바일 AP 내에서 NPU는 CPU와 GPU와 협력하여 AI

연산 작업을 전담하고, 시스템 성능을 최적화하여 AI 작업을 효율적으로 처리한다. 이러한 협력은 각 프로세서의 강점을 활용하여 작업을 분담하고, 전반적인 성능과 에너지 효율성 높이는 데 기여할 수 있다.

NPU는 데이터 이동과 메모리 최적화를 수행한다. CPU, GPU, NPU가 통합된 SoC(System-on-Chip) 구조에서 공유 메모리를 사용하여 데이터 전송 지연을 줄이고 성능을 향상한다. 데이터가 각 프로세서 간 원활하게 이동할 수 있도록 하며, 불필요한 데이터 복사를 방지한다(Jayanth et al., 2024). NPU는 추론을 수행할 때 Direct Memory Access(DMA) 제어기를 통해 신경망 데이터를 직접 외부 메모리에서 가져와 처리하며, 이를 통해 CPU나 GPU의 개입 없이 빠르고 효율적으로 작업을 수행할 수 있다(Arm, 2025).

또한, NPU는 딥러닝 추론과 같은 AI 작업을 오프로딩을 통해 전담함으로써 CPU와 GPU가 본연의 중요한 작업에 집중할 수 있도록 한다. 이는 시스템 전체의 응답성을 높이고 전력 소비를 줄이는 데 기여한다. 또한, 저정밀도 연산(INT8, FP16)과 양자화 기술을 통해 계산 속도를 높이고 전력 소비를 줄인다. NPU는 GPU 대비 낮은 전력으로 AI 작업을 수행하며, 동적 전압 및 주파수 조정

(DVFS)을 통해 작업 부하에 따라 에너지 소비를 조정한다. 이를 통해 모바일 디바이스의 배터리 수명을 연장하고 지속 가능한 컴퓨팅 환경을 제공한다(Schneider & Smalley, 2024).

이러한 이종 컴퓨팅 아키텍처의 협업을 통해 성능과 에너지 효율의 균형을 유지할 수 있다. 예를 들어, Qualcomm의 Snapdragon 플랫폼은 CPU, GPU 및 NPU가 AI 모델 학습 및 추론 작업을 분담하도록 설계되어 높은 처리 속도와 낮은 전력 소모를 동시에 달성한다(Qualcomm, 2024). 이러한 이종 컴퓨팅 협력은 스마트폰과 같은 디바이스에서 실시간 응용 프로그램과 온디바이스 AI 구현에 필수적이며, 사용자 경험과 배터리 수명 개선에 기여할 수 있다.

미래의 AP: 더 강력하고, 더 효율적인 AI를 향하여

미래의 AP는 성능과 효율성을 더욱 향상시키기 위해 칩릿(Chiplet) 아키텍처와 이종 컴퓨팅을 도입할 것으로 예상된다. 칩릿 아키텍처는 기능별로 분리된 작은 칩들을 조합하여 하나의 프로세서를 구성하는 방식으로, 설계 유연성과 생산 효율성을 높일 수 있다.

우리는 머지않아 6세대(6G) 이동통신 시대의 도래와 함께 초고속, 초저지연 통신을 마주하게 된다. 스마트폰에서 AI 연산을 담당해야 하는 엣지 AI의 중요성이 더욱 부각될 것이다. 엣지 AI는 데이터 처리를 디바이스 자체에서 수행하여 지연 시간을 줄이고, 개인정보 보호를 강화하며, 네트워크 부하를 감소시킨다. 이를 위해 모바일 AP의 AI 연산 능력과 전력 효율을 더욱 개선하는 노력이 필요하다.

또한, AP의 저전력 AI 기술은 스마트폰을 넘어 웨어러블 디바이스, 사물인터넷 디바이스, 자동차용 인포테인먼트 등 다양한 분야로 확장되고 있다. 이러한 디바이스들은 배터리 용량이 제한적이므로, 저전력 설계가 필수적이다. AP의 저전력 AI 기술을 통해 모바일 디바이스에서도 고도화된 AI 기능을 제공하여 사용자 경험의 질을 높일 수 있다.

참고문헌

Arm(2025). Description of the neural processing unit. https://developer.arm.com/documentation/102023/0000/Introduction-to-the-NPU/Description-of-the-neural-processing-unit-

Hwang, M.-K. & Kim, M.-G.(2024.12.16). Samsung and TSMC

locked in intense 2nm chip competition. The Chosun Daily, https://www.chosun.com/english/industry-en/2024/12/16/SMAOH7NISJAZXBL7LFX3BX2YVU/

Jayanth, R., Gupta, N., & Prasanna, V.(2024). Benchmarking edge AI platforms for high-performance ML inference, arXiv. https://arxiv.org/html/2409.14803v1

Qualcomm(2024). Unlocking on-device generative AI with an NPU and heterogeneous computing, Qualcomm Technical Report.

Samsung(2024). Exynos 2400. https://semiconductor.samsung.com/processor/mobile-processor/exynos-2400/

Schneider J. & Smalley, I.(2024.10.10). NPU vs. GPU: What's the difference?. IBM. https://www.ibm.com/think/topics/npu-vs-gpu

Shilov, A.(2023.4.26). TSMC details 3nm evolution. Anand Tech, https://www.anandtech.com/show/18833/tsmc-details-3nm-evolution-n3e-on-schedule-n3p-n3x-deliver-five-percent-gains

Wikipedia(2025). ARM architecture family. https://en.wikipedia.org/wiki/ARM_architecture_family

08
저전력 반도체를 위한 제조 공정 혁신

저전력 반도체 혁신은 미래 전자 산업의 핵심 동력이다. FinFET 및 GAA 트랜지스터, 극자외선 리소그래피 공정 및 신소재 기술의 발전은 전력 효율을 극대화하며, 패키징 혁신을 통해 '비욘드 무어' 시대를 이끌고 있다. 또한, AI 기술을 적용한 반도체 설계 자동화를 개발하여 PPA(전력, 성능, 면적)를 최적화하고 생산성을 높이고 있다. 지속적인 연구와 기술 혁신을 통해 고성능과 저전력을 동시에 실현하는 반도체는 데이터센터, 모바일, 사물인터넷 등 우리 주위의 다양한 산업 변화를 주도할 것이다.

AI와 한의학?

트랜지스터 구조 진화

저전력 반도체 제조를 위해 다양한 혁신적인 공정 기술이 개발되고, 연구되고 있다. 그중에서 중요한 혁신은 트랜지스터 구조의 진화다. 트랜지스터는 2차원 평면(Planar) 구조를 갖는 MOSFET(Metal-Oxide-Semiconductor Field-Effect Transistor)에서 3차원 구조의 핀펫(FinFET)으로 발전하였고, 최근 신개념 트랜지스터 구조인 GAA(Gate-All-Around)로 진화했다(세상의모든지식, 2024).

트랜지스터는 게이트(Gate)에 전압이 가해지면 채널(Channel)을 통해 전류가 흐르는 구조인데, 게이트와 채널이 닿는 면적이 늘어날수록 트랜지스터의 효율이 높아진다. FinFET는 '상어 등지느러미'라는 의미의 Fin 형태로 MOSFET 채널을 만들어, 채널과 채널을 감싸는 게이트가 닿는 면적을 1면에서 3면(상단 및 양 측면)으로 확장하여 성능을 향상한 3차원 구조를 갖는다. FinFET는 현재 22나노미터(nm) 이하 공정에서 널리 사용되며, 2010년대에 인텔, 삼성전자와 TSMC 같은 주요 반도체 회사들이 적극적으로 도입했다. FinFET는 여러 장점을 제공한다. 첫째, 게이트 제어가 개선되어 전류 흐름을 정밀하게 조절할 수 있고 단채널 효과(Short-channel

Effects)를 개선한다. 둘째, 누설 전류를 줄여 에너지 효율을 높이고 빠른 스위칭을 할 수 있어 효율적인 회로를 구성할 수 있다. 셋째, 3D 구조 덕분에 트랜지스터 밀도를 높이고 성능을 개선할 수 있는 확장성을 제공한다(Orbit & Skyline, 2025). 이러한 특성 덕분에 FinFET는 모바일 AP, 데이터센터 서버용 AI 가속기 등 다양한 분야에 응용되는 저전력 반도체 기술의 핵심으로 자리 잡았다.

GAA 트랜지스터는 기존 FinFET의 한계를 극복한 차세대 기술로 게이트가 채널을 모든 방향(4면)에서 감싸는 구조다. GAA는 FinFET의 3면 제어보다 더 우수한 게이트 제어를 제공하여 누설 전류를 줄이고 전류 흐름을 정밀하게 조절할 수 있다. GAA는 나노와이어(Nanowire)를 수직으로 적층하여 채널을 높여 구동 전류를 개선한다. 나노와이어는 충분한 전류를 공급하기 위해 많은 수의 적층이 필요하지만, 나노시트(Nanosheet)를 적층하는 MBCFET(Multi-Bridge-Channel FET)는 더 적은 수의 적층으로 더 큰 채널 폭을 확보하고 더 큰 전류를 구동해서 나노와이어 기반 GAA의 한계를 극복할 수 있다(Samsung, 2023). 이러한 장점은 GAA 트랜지스터가 3nm 이하 공정에서 핵심 기술로 자리 잡게 하였으며, 고

성능과 저전력을 요구하는 차세대 반도체 응용에 적합한 선택이 되었다(Appleby, 2024). 삼성전자는 3nm 공정에서 세계 최초로 GAA 구조의 독자 기술인 MBCFET를 적용하여 보다 높은 전력 효율을 얻을 수 있다고 한다. MBCFET 공정은 최신 7nm FinFET보다 차지하는 공간을 45%가량 줄일 수 있으며, 약 50%의 소비전력 절감과 약 35%의 성능 개선 효과가 있을 것으로 기대한다(Samsung, 2019).

저전력 소재 및 신소재 기술

저전력 신소재 개발은 차세대 반도체 기술 발전의 중요한 요소다. 게르마늄(Ge) 반도체를 실리콘(Si, 규소) 반도체가 대체한 이후 오랜 시간 실리콘이 대표적인 반도체 소재로 사용되었다. 그러나 실리콘이 물리적 한계에 도달했다는 것이 명확해지면서 새로운 반도체 소재 연구가 활발하게 진행되고 있다. 그래핀(Graphene), 탄화규소(SiC), 질화갈륨(GaN) 등의 신소재가 떠오르고 있다. 이러한 신소재는 더 높은 전력 효율, 더 적은 발열, 더 빠른 전자 이동성을 제공한다는 점에서 고성능 반도체의 핵심 소재로 평가받는다(세상의모든지식, 2024).

이황화 몰리브덴(MoS2)은 반도체 특성을 가지며, 크기에 따라 밴드갭을 조정할 수 있는 특징이 있어 트랜지스터 응용에 유리하고, 원자 수준으로 두께가 얇으며, 유연한 전자 기기 제작에 이상적이다(TriboNet, 2019). 그래핀과 MoS2를 결합한 하이브리드 구조는 각 소재의 장점을 결합하여 더 나은 전기적 특성과 낮은 에너지 소비를 제공하는 것으로 알려졌다(Abbasi, 2024). 이러한 신소재들은 기존 실리콘 기반 반도체의 한계를 극복하며, 저전력 설계와 고성능을 동시에 구현할 가능성을 열어준다.

한편 터널 트랜지스터(Tunnel Field-Effect Transistor, TFET)는 양자 터널링 현상을 이용하여 전류를 제어하는 반도체 소자로, 기존 MOSFET과는 작동 원리가 다르다. TFET는 밴드 투 밴드 터널링(Band-To-Band Tunneling, BTBT)을 통해 전류가 흐르며, 이는 소스의 가전자대(Valence Band)와 채널의 전도대(Conduction Band) 사이에서 발생한다. 게이트 전압이 증가하면 터널링 장벽이 얇아지고, 두 에너지대가 정렬되거나 겹치면서 전류가 흐른다. TFET의 주요 특징은 매우 낮은 작동 전압에서도 효율적으로 스위칭할 수 있어 저전력 응용 분야에 적합하고(EOS/ESD Association, 2019), 누설 전류가 매우 낮으며 대기 전력 소모를 줄이는 데 유리하다는 것이다. 또한, MOSFET보다 낮은 공급 전압에서도 안정적으로 작동하며, 기존 CMOS(Complementary MOS) 기술 대비 에너지 효율이 뛰어나다(Wikipedia, 2024; Semiconductor Engineering, 2025). TFET는 초저전력 논리 회로, 사물인터넷 디바이스, 웨어러블 디바이스 등 에너지 효율이 중요한 응용 분야에서 특히 유망하며 그래핀, MoS2 반도체를 사용한 고성능 설계로 더욱 발전하고 있다(Kanungo et al., 2022).

극자외선(EUV) 리소그래피

빛을 이용해 마치 사진을 찍듯이 기판에 미세한 패턴을 새기는 포토리소그래피(Photolithography, 노광) 공정 덕분에 반도체 공정은 지속적으로 미세화될 수 있었다. 반도체 공정이 미세화됨에 따라 전자 기기는 더욱 소형화되고 성능은 비약적으로 발전해 왔다(세상의모든지식, 2024). 극자외선(Extreme Ultraviolet, EUV)은 반도체를 만드는 데서 중요한 과정인 포토 공정에서 EUV 파장의 광원을 사용하는 리소그래피 기술 또는 이를 활용한 제조 공정을 말한다. EUV 광원은 기존 공정에 적용 중인 불화아르곤(ArF) 광원보다 파장이 10분의 1 미만으로 훨씬 짧기 때문에, 7nm 이하로 더 미세하고 오밀조

밀하게 패턴을 새길 수 있다(Samsung, 2018).

EUV 리소그래피의 장점은 짧은 파장을 통해 더 작은 회로 패턴을 형성하여 같은 면적에 더 많은 트랜지스터를 배치할 수 있어 고성능과 저전력을 동시에 실현한다는 것이다. 또한, 기존 다중 패터닝 공정을 단일 노광으로 대체하여 생산 효율을 높이고 결함을 줄인다. EUV 리소그래피는 현재 7nm, 5nm, 3nm 공정뿐만 아니라 2nm 이하 공정에서도 EUV가 차세대 반도체 제조의 핵심 기술로 자리 잡고 있다. 그러나 높은 장비 비용, 광원 효율 문제, 마스크 결함 등 해결해야 할 과제도 존재한다.

혁신을 통한 전력 최적화

반도체 칩 제조 공정의 혁신 외에도 저전력 반도체를 구현하기 위해 최적화가 진행되고 있다. 대표적인 전력 최적화 기술은 첨단 패키징 기술과 AI 기반 반도체 설계 자동화(Electronic Design Automation, EDA) 기술이다.

첨단 패키징은 반도체 공정을 통해 생산된 여러 개의 칩(또는 다이)을 하나의 패키지로 통합하여 성능을 높이고 전력 소비를 줄이는 기술이다. 이 기술은 기존의 단일 칩 기반 설계와 달리, 2.5D, 3D-IC 패키징 등 다양한 방법을 활용하여 칩 간의 연결성을 높이고 데이터 전송 속도를 높인다. 예를 들어, 2.5D 패키징은 칩들을 수평으로 배치하고 인터포저(Interposer)로 칩들을 연결하여 빠른 데이터 전송과 전력 효율을 제공하며, 3D-IC 패키징은 실리콘 관통 비아(Through Silicon Via, TSV) 기술을 사용해 칩을 수직으로 적층함으로써 공간 효율과 성능을 동시에 개선한다. 이러한 기술은 고성능 컴퓨팅(High-Performance Computing, HPC), 데이터센터, 자율주행차 등의 AI 반도체에 적용되고 있다(Burkacky et al, 2023).

첨단 패키징은 또한 칩렛 기술을 통해 이종 집적(Heterogeneous Integration)을 가능하게 하며, 서로 다른 공정 노드에서 생산된 CPU, GPU, NPU 등의 칩과 HBM과 같은 메모리를 집적하여 비용 효율과 설계 유연성을 높인다. 이를 통해 반도체 제조 업체는 고성능과 저전력을 요구하는 시장의 필요를 충족할 수 있을 뿐만 아니라 신호 경로를 단축하고 열 관리를 개선하며, 여러 개의 칩을 하나의 패키지로 구현할 수 있어 전반적인 시스템 효율을 높일 수 있다. 첨단 패키징 기술은 데이터센터 서버용 AI 하드웨어 가속기의 핵심 기술로 자리 잡았으며, 반도체 산업에서 무어의 법칙 한계를 극복하는 '비욘드 무어(Beyond Moore)' 시대를 이끌고 있다(Samsung, 2023).

AI 기반 반도체 설계 자동화는 AI 기술을 활용하여 반도체 설계 프로세스를 최적화하는 첨단 기술이다. 구글 딥마인드, 엔비디아, 시놉시스(Synopsys), 케이던스(Cadence) 등 주요 기업들이 이 분야를 선도하며, AI를 통해 설계 최적화, 검증 자동화, 데이터 분석 등을 수행하고 있다.

구글 딥마인드의 AlphaChip은 강화 학습을 활용하여 칩 레이아웃을 설계하는 AI 시스템으로, 기존 엔지니어가 몇 주 또는 몇 달 걸리던 작업을 몇 시간 만에 완료하였다. AlphaChip은 구글의 TPU 설계에 적용하여 배선 길이를 줄이고 전력 소비를 낮추는 데 기여하고 있다(Goldie & Mirhoseini, 2024). 엔비디아는 AI 기반 툴인 ChipNeMo와 AutoDMP를 통해 GPU 및 기타 반도체 설계를 최적화하고 있다. ChipNeMo는 대규모 언어 모델(LLM)을 활용해 칩 설계 코드를 생성하고 엔지니어 간 협업을 지원하며(Merritt, 2023), GPU 설계 효율성을 높이고 생산성을 강화한다. AutoDMP는 강화 학습과 GPU 가속 알고리즘을 결합하여 트랜지스터 배치와 매크로 배치를 최적화하며, 설계 시간을 단축한다(Agnesina & Ren, 2023).

시놉시스와 케이던스는 EDA 소프트웨어 전문 기업으

로, AI를 반도체 설계 및 검증 프로세스에 접목하는 기술 개발하여 활용하고 있다. 시놉시스의 DSO.ai(Design Space Optimization AI)는 반도체 업계 최초의 자율적인 AI 기반 EDA 설루션이다. DSO.ai의 주요 특징은 AI가 방대한 설계 공간을 탐색하여 칩 PPA(전력, 성능, 면적)를 향상하고, 반복적인 작업을 수행하여 엔지니어의 생산성을 개선하고, 이전 프로젝트의 결과와 학습 내용을 다음 프로젝트에 적용함으로써 칩 개발 프로세스의 효율을 높이며, 칩 설계팀이 설계를 한 공정 노드에서 다른 공정 노드로 더 빠르게 마이그레이션할 수 있도록 하는 것이다(Chuang & Gil, 2024).

케이던스의 Cadence.AI 플랫폼은 포괄적인 '칩-투-시스템(chips to systems)' 생성형 AI 설루션이다. 이 플랫폼은 Cadence Cerebrus로 SoC(System on Chip) PPA를 자동으로 최적화하고, Virtuoso Studio가 첨단 이종 설계(Advanced Heterogeneous Design)를 포함한 커스텀 및 아날로그 IC 설계를 지원하며, Verisium이 SoC 효율 확장을 위한 다중 엔진의 다중 실행을 통해 혁신적인 검증을 가능하게 하며, Allegro X AI로 복잡한 작업을 자동화하고 설계 시간을 줄여 PCB 설계 효율을 높이는 특징이 있다(Cadence, 2024).

AI 기반 반도체 설계 자동화는 칩 개발 과정에서 시간과 비용 절약과 동시에 성능과 에너지 효율을 높이고 있다. AI 기술로 칩 설계의 새로운 가능성을 열고 있으며, 향후 2nm 이하의 초미세 공정에서도 AI 기반 설계 자동화의 역할은 더욱 커질 것으로 기대된다.

참고문헌

세상의모든지식(2024.11.20). [Behind the CHIP] 반도체, 그 성장의 기록: 과거, 현재, 그리고 미래, Samsung Semiconductor Newsroom. https://bit.ly/40Qrj63

Abbasi, I.(2024). Is Molybdenum Disulfide(MoS2) a serious rival to graphene?, AZoNano. https://www.azonano.com/article.aspx?ArticleID=3605

Agnesina, A. & Ren, M.(2023.3.27). AutoDMP Optimizes Macro Placement for Chip Design with AI and GPUs. NVIDIA Blog. https://developer.nvidia.com/blog/autodmp-optimizes-macro-placement-for-chip-design-with-ai-and-gpus/

Appleby, A.(2024.4.22) What you need to know about gate-all-around designs, Synopsys Blogs. https://www.synopsys.com/blogs/chip-design/what-are-gate-all-around-gaa-transistors.html

Burkacky, O., Kim, T., & Yeom, I.(2023.5.24). Advanced chip packaging: How manufacturers can play to win, McKinsey & Company. https://www.mckinsey.com/industries/semiconductors/our-insights/advanced-chip-packaging-how-manufacturers-

can-play-to-win
Cadence(2024). AI in Chip Design.
https://www.cadence.com/ko_KR/home/explore/ai-chip-design.html
Chuang J. & Gil, P.(2024.3.19). Boost chip design with AI: How Synopsys DSO.ai on AWS delivers lower power and faster time-to-market. AWS Partner Network (APN) Blog.
https://aws.amazon.com/blogs/apn/boost-chip-design-with-ai-how-synopsys-dso-ai-on-aws-delivers-lower-power-and-faster-time-to-market/
EOS/ESD Association(2019.4.30). Why Tunnel FETs?. In Compliance,
https://incompliancemag.com/why-tunnel-fets/
Goldie, A. & Mirhoseini, A.(2024.9.26). How AlphaChip transformed computer chip design, Google DeepMind.
https://deepmind.google/discover/blog/how-alphachip-transformed-computer-chip-design/
Kanungo, et al.(2022). 2D materials-based nanoscale tunneling field effect transistors: current developments and future prospects, npj 2D Materials and Applications, 6, Article number 83.
Merritt, R.(2023.10.30). Silicon Volley: Designers tap generative AI for a chip assist. NVIDIA Blog.
https://blogs.nvidia.com/blog/llm-semiconductors-chip-nemo/
Orbit & Skyline(2025). How FinFET technology is powering the future of electronics.
https://orbitskyline.com/blog/finfet-powering-the-future-of-electronics/

Samsung(2018.2.27). EUV 공정이란? 차세대 칩의 핵심기술.
http://bit.ly/2AK197w
Samsung(2019.11.20). GAA.
https://semiconductor.samsung.com/kr/support/tools-resources/dictionary/gaa-transistors-a-next-generation-process-for-next-generation-semiconductors/
Samsung(2023.3.2). MBCFET으로 트랜지스터의 성능, 전력, 면적 향상의 문을 열다.
https://semiconductor.samsung.com/kr/news-events/tech-blog/samsung-opens-the-gate-to-transistor-performance-power-and-area-improvements-with-mbcfet/
Samsung(2023.3.23). [기고문] 첨단 패키지 기술로 반도체 한계 넘는다.
https://semiconductor.samsung.com/kr/news-events/news/editorial-rocking-the-world-with-advanced-package-technology/
Semiconductor Engineering(2025). Tunnel FET.
https://semiengineering.com/knowledge_centers/integrated-circuit/transistors/3d/tunnel-fet/
TriboNet(2019.8.26). Graphene vs. MoS2: Which one has lower friction?
https://www.tribonet.org/news/graphene-vs-mos2-which-one-has-lower-friction/
Wikipedia(2024). Tunnel field-effect transistor.
https://en.wikipedia.org/wiki/Tunnel_field-effect_transistor

09
저전력 AI 반도체를 위한 미래 기술

저전력 AI 반도체의 미래는 사람의 뇌 기능을 모사한 뉴로모픽 컴퓨팅, 양자역학을 활용한 양자 컴퓨팅, 빛으로 연산하는 광자 반도체라는 혁신적 기술들이 이끌고 있다. 이 기술들은 에너지 효율과 성능의 한계를 넘어, 지속 가능한 고성능 AI 시스템 구축을 위한 새로운 패러다임을 제시한다.

AI와 화장품?

디지털의 한계를 넘어: 아날로그 및 뉴로모픽 반도체

현재 우리가 사용하는 컴퓨터는 디지털 회로를 기반으로 만들어졌고, 디지털 회로는 수많은 트랜지스터를 조합하여 구성한 논리 회로다. 디지털 회로는 특정 범위의 전압과 전류의 값인 이진수 0과 1로 표현하여 값을 정확히 구분한다. 만일 우리가 디지털 회로를 사용하지 않고, 전류의 값을 그대로 사용하여 아날로그 회로에서 연산한다면 어떤 일이 벌어질까? 트랜지스터의 누설 전류나 외부 잡음으로 인해 전류의 값의 덧셈 연산이 항상 동일하게 재현되지 않을 것이다. 이러한 아날로그 연산이 디지털 방식의 한계를 극복하며 저전력 AI 반도체의 새로운 가능성을 제시한다.

아날로그 회로는 연산 과정에서 전압, 전류, 온도와 같은 연속적인 신호를 처리함으로써 불필요한 전력 낭비를 최소화할 수 있다. 아날로그 컴퓨팅은 연산 과정에서 데이터 이동이 적으며, 다중화와 동시 병렬 연산이 가능하여 전력 효율을 높일 수 있다. 특히 AI 모델에서 핵심 연산인 곱셈누적(Multiply-Accumulate, MACsss) 연산을 아날로그 방식으로 처리하면 디지털 방식보다 에너지 효율이 훨씬 향상된다.

최근 연구에서 아날로그 반도체가 AI 추론 가속기에 적용될 가능성을 보이며, 초저전력 엣지 AI 디바이스를 위한 핵심 기술로 떠오르고 있다. 특히, 메모리 내 컴퓨팅(In-Memory Computing)이나 근접 메모리 컴퓨팅(Near-Memory Computing) 기술과 결합한 아날로그 프로세서는 데이터 이동을 최소화하고 병렬 연산을 통해 에너지 효율을 높이고 있다. 예를 들어, 미틱(Mythic)의 아날로그 행렬 프로세서(Analog Matrix Processor)는 초저전력 환경에서 고성능을 발휘하며, 유사한 디지털 프로세서와 비교할 때 전력 소비를 최대 10배로 줄이는 결과를 보였다(박찬, 2022).

뉴로모픽 컴퓨팅(Neuromorphic Computing)은 사람의 뇌세포처럼 행동하며 정보를 처리하는 컴퓨팅 구조로 아날로그 회로를 포함하는 초대규모 집적 회로를 말한다(ScienceOn, 2024). 메모리와 연산을 고도로 세분된 병렬 처리로 통합하여 데이터 이동을 최소화하는 새로운 접근 방식으로 설계된 뉴로모픽 반도체는 폰 노이만 구조에 기반한 CPU, GPU, NPU 등 기존 반도체에서 발생하는 데이터 병목 현상을 해소할 수 있는 기술로 주목받고 있다.

아날로그 방식의 뉴로모픽 칩은 연속적인 전압 변화

를 사용하여 보다 자연스럽고 에너지 효율적인 정보 처리를 수행한다. 이러한 방식은 뉴런과 시냅스의 동작을 전자적으로 구현하며, 연산과 데이터 저장을 동일한 구조에서 수행할 수 있어 데이터 이동으로 인한 전력 낭비를 획기적으로 줄일 수 있다. 즉, 스파이크 신경망(Spiking Neural Networks, SNN) 아키텍처(Rathi et al., 2023; Siddique et al., 2023)를 사용하여 개별 뉴런과 시냅스가 다른 뉴런의 스파이크에 반응하는 이벤트 기반 연산(Event-driven Processing)을 적용함으로써 초저전력 환경에서도 높은 성능을 유지할 수 있도록 설계된다.

뉴로모픽 반도체는 2000년대 중반부터 미국, 유럽을 중심으로 국가 연구·개발 프로젝트를 통해 본격적으로 이루어졌다. IBM은 2014년에 추론 전용 뉴로모픽 칩인 트루노스(TrueNorth)를 발표했고, 인텔은 2017년에 칩 자체적으로 학습이 가능한 연구용 칩 로이히(Loihi)를 발표했다. 2018년부터 인텔 뉴로모픽 리서치 커뮤니티(Intel Neuromorphic Research Community, INRC)를 결성하고, 로이히 칩을 사용해 다양한 응용을 개발할 수 있는 150개 이상의 연구 그룹을 선정하여 뉴로모픽 칩의 상용화와 연구 생태계를 조성하였다 (김재욱, 2023).

2024년 4월에 인텔은 로이히 2(Loihi 2) 프로세서를 활용해 세계 최대 규모 뉴로모픽 시스템 '할라 포인트(Hala Point)'를 구축했다. 할라 포인트는 AI 연산 작업에 적용 시 기존 심층신경망을 구동할 때 8비트 연산 처리 시 와트당 15테라옵스(TOPS/w)를 초과하는 효율성으로, 초당 최대 20경 연산, 즉 20페타옵스(Peta OPS)를 지원할 수 있는 것으로 알려졌다. 로이히 2 기반 시스템은 기존 CPU 및 GPU 아키텍처보다 최대 50배 빠른 속도로 100분의 1의 에너지를 사용해 AI 추론을 수행하고 최적화 문제를 해결할 수 있다(Intel News, 2024).

새로운 계산 패러다임: 양자 컴퓨팅

양자 컴퓨팅(Quantum Computing)은 양자비트(Quantum Bit, Qubit)를 사용해 연산을 수행하며, 입자가 동시에 여러 상태에 존재할 수 있는 중첩(Superposition)과 얽힘(Entanglement)이라는 양자역학적 특성을 통해 병렬 연산을 수행한다. 양자 컴퓨터는 다수의 연산을 동시에 실행할 수 있어 연산 속도가 급격히 향상된다. 또한, 특정 문제에서는 기존의 슈퍼컴퓨터보다 적은 연산 과정으로 결과를 도출할 수 있어 에너지 소비가 상대적으로 적어지는 효과가 있다.

AI 모델 훈련 과정에서 양자 기계학습(Quantum Machine Learning, QML)을 적용하면 기존의 GPU, TPU 기반 연산보다 획기적으로 전력 소모를 줄일 수 있을 것으로 기대된다. 특히, 양자 알고리즘인 QAOA(Quantum Approximate Optimization Algorithm)와 VQE(Variational Quantum Eigensolver)는 최적화 문제와 물질 시뮬레이션에 강점을 보인다(Stechly, 2024). 양자 컴퓨팅의 압도적인 연산 능력과 AI의 학습 능력을 결합한 양자 AI 기술은 기존 AI의 한계를 뛰어넘는 혁신을 목표로 한다. 양자 AI의 특징은 기존 컴퓨팅 방법보다 뛰어난 연산 능력, 빠른 데이터 처리 속도, 복잡한 문제 해결 능력이다. 예를 들어, 신약 개발에서 분자 구조 분석을 통해 신약 후보 물질을 빠르게 발견하고 효능을 예측하거나, 복잡한 금융 모형화에서 리스크 평가에 활용하여 투자 전략을 최적화하고 예측 정확도를 높일 수 있다(NetApp, 2025).

현재 양자 컴퓨팅을 활용한 AI 가속기 개발이 활발하게 이루어지고 있으며, 구글의 시커모어(Sycamore)나 윌로(Willow), IBM의 이글(Eagle)이나 헤론(Heron) 등이 대표적인 회로 기반 양자 처리장치(Quantum Processing Unit, QPU)다(Wikipedia, 2025). 그러나 아직 QPU의 상용화는 큐비트의 오류율이 높고, 장기간 연산을 유지하기 위해 극저온 환경이 필요하다는 점 등에서 몇 가지 한계가 존재한다. 또한, AI 모델을 QPU에 적합하도록 변환하는 알고리즘 개발도 필요해 실질적인 적용까지는 시간이 필요하다. 하지만, 양자 AI 기술은 지속적인 연구 개발이 이루어지고 있어 향후 저전력 AI 반도체의 중요한 한 축으로 자리 잡을 가능성이 크다(김지현, 2025).

빛으로 연산: 광자 반도체

광자 컴퓨팅(Photonic Computing 또는 Optical Computing)은 전자(Electron)의 이동 대신 빛(Photon, 광자)을 이용하여 연산을 수행하는 방식으로, 기존의 전자 기반 반도체 대비 초고속 데이터 처리와 전력 소모가 현저히 적다. 일반적인 전자 기반 회로는 신호를 전송할 때 저항에 의한 전력 손실이 발생하지만, 광자는 질량이 없어 열 발생이 적고 데이터 손실이 거의 없어 전력 손실을 최소화하면서도 병렬 연산이 가능하다. 이러한 특성 때문에 광자 반도체는 대규모 데이터센터의 내부 네트워크에서 CPU와 GPU 간 데이터 전송을 가속하며 탄소 발자국 감소에도 기여하고 있다. 그뿐만 아니라 엣지 디바이스에서도 활용 가능성이 높아, 라이다(LiDAR) 센서 등 자율주행 기술에서도 핵심적인 역할을 하고 있다(김봉수,

2023; 이윤순, 2024).

광자 반도체 기술을 실리콘 기반 공정과 결합한 실리콘 포토닉스(Silicon Photonics)는 기존 반도체 산업과의 호환성을 유지하면서도 저전력 고성능 AI 연산을 가능하게 하는 차세대 기술로 떠오르고 있다. 특히, 광자 기반 뉴로모픽 칩은 AI 연산에 특화된 구조로 설계되어 데이터 이동 비용을 최소화하고, AI 모델을 고속으로 처리할 수 있는 장점이 있다. 현재 구글, MIT 등에서 실리콘 포토닉스를 기반으로 한 AI 반도체 개발을 진행 중이다(Uppal, 2024; Zewe, 2024). 또한, 모듈식 설계를 통해 확장 가능하고, 상온에서 작동하는 광자 양자 컴퓨터 시제품을 공개하였다(이태준, 2025).

저전력 AI 반도체 기술은 뉴로모픽 컴퓨팅, 양자 컴퓨팅, 광자 컴퓨팅에 기반한 세 가지 혁신적 반도체 기술을 통해 발전하고 있다. 이러한 기술들은 각자 독립적으로 발전하면서도 상호 보완적으로 작동하여 더 높은 성능과 지속 가능성을 제공하는 미래 반도체 산업의 핵심 동력이 될 것이다.

참고문헌

김봉수(2023.6.19). 차세대 광반도체 성능 100배 높이는 기술 개발.

아시아경제.
https://www.asiae.co.kr/article/2023061912445511918
김재욱(2023). 두뇌를 닮은 인공지능 반도체, '뉴로모픽 칩'을 말하다.
https://youtu.be/mv39DwYWK64?si=keHcrNQorF5PjlP5
김지현(2025.2.3). AI 혁신 넘어 QPU 시대 머지않아 도래. 주간동아.
https://weekly.donga.com/science/article/all/11/5415421/1
박찬(2022.8.1). 엣지 AI를 위한 아날로그 프로세서 등장. AI Times.
https://www.aitimes.com/news/articleView.html?idxno=146088
이윤순(2024.11.18). 광자기술, 데이터센터 대체기술로 부상. 애플경제.
https://www.apple-economy.com/news/articleView.html?idxno=74711
이태준(2025.2.1). 캐나다, 확장 가능한 상온 작동 광자 양자컴퓨터 시제품 공개. 글로벌이코노미.
http://m.g-enews.com/article/Global-Biz/2025/02/202502010804301957e250e8e188_1
Intel News(2024.4.17). 인텔, 세계 최대규모 뉴로모픽 시스템 공개, Intel Newsroom.
https://www.intel.co.kr/content/www/kr/ko/newsroom/news/intel-builds-worlds-largest-neuromorphic-system.html
NetApp(2025). 퀀텀 AI란 무엇인가?.
https://www.netapp.com/ko/artificial-intelligence/what-is-quantum-ai/
Rathi, N. et al.(2023). Exploring neuromorphic computing based on spiking neural networks: Algorithms to hardware, *ACM Computing Surveys, 55*(12), 1~49.
ScienceOn(2024). 뉴로모픽 컴퓨팅. ScienceON TREND.
https://scienceon.kisti.re.kr/aiq/issue/selectIssueReportVie

w.do?searchIssueRptNo=200

Siddique, A., Vai, M. I., & Pun, S. H.(2023). A low costneuromorphic learning engine based on a high performance supervised SNN learning algorithm, Scientific Reports 13, 6280. https://www.nature.com/articles/s41598-023-32120-7

Stechly, M.(2024). Introduction to variational quantum algorithms, arXiv. https://arxiv.org/abs/2402.15879

Uppal, R.(2024.12.26). Silicon Photonics: Pioneering the Future of AI and Machine Learning. IDST News. https://idstch.com/technology/ict/silicon-photonics-pioneering-the-future-of-ai-and-machine-learning/

Wikipedia(2025.1.3). List of quantum processors. https://en.wikipedia.org/wiki/List_of_quantum_processors

Zewe, A.(2024.12.2). Photonic processor could enable ultrafast AI computations with extreme energy efficiency. MIT News. https://news.mit.edu/2024/photonic-processor-could-enable-ultrafast-ai-computations-1202

10
재생에너지와 친환경 AI 반도체

AI 기술의 발전은 에너지 위기와 환경 문제를 가속화하고 있으며, 지속 가능한 미래를 위해 재생에너지와 저전력 반도체의 융합이 필수적이다. 신소재와 새로운 혁신적인 반도체 기술은 AI 연산의 전력 효율을 극대화하며, 탄소 배출 없는 AI 환경을 실현하는 열쇠가 될 것이다.

종교와 AI?

AI 산업의 에너지 도전과 저전력 반도체

AI 기술이 빠르게 발전하면서 연산량이 기하급수적으로 증가하고 있다. 특히, 대규모 언어 모델을 사용하는 AI 시스템은 방대한 양의 데이터를 학습과 추론 과정에서 처리해야 한다. AI 모델을 훈련하고 추론하는 장소인 데이터센터에서 실행되는 생성형 AI 연산은 엄청난 양의 전력 소모를 수반한다. 이미 데이터센터는 이미 2023년 기준 전 세계 전력 소모량의 약 1~2%를 차지했으며, 2026년에는 3~4% 비중까지 증가할 것으로 예상한다(김사헌, 2024). 이에 따라 전 세계적인 에너지 위기 및 환경 문제가 심화하고 있다. 우리 사회에 막대한 이익을 가져다줄 AI의 발전이 지속 가능하기 위해서는 이러한 전력 소비 문제를 해결해야 하며, 이를 위해 저전력 반도체 기술은 필수 불가결이다.

기존 반도체 기술은 연산 속도를 높이면서도 전력 효율을 개선해 왔지만, AI 연산의 급속한 증가 속도를 감당하기에는 한계가 있다. 특히, 기존의 GPU 기반 AI 연산 구조는 높은 전력 소모로 인해 효율을 더욱 개선하는 노력을 하고 있다. 또한 NPU, 뉴로모픽 칩 등 AI 전용 저전력 반도체들이 지속적으로 개발되고 있어, AI 연산을 더욱 효율적으로 수행하면서 에너지 소비를 획기적으로 줄이는 노력이 이어지고 있다. 향후 AI 산업이 지속 가능한 성장을 이루려면, 친환경적이고 고효율인 저전력 반도체의 지속적인 개발이 필수다.

재생에너지-저전력 반도체 시너지

클라우드 서비스 기업들은 데이터센터의 탄소 배출을 줄이기 위해 재생에너지를 적극적으로 도입하고 있다. 구글, 마이크로소프트, 아마존 등은 태양광, 풍력 등의 재생에너지를 활용한 데이터센터 운영을 추진하고 있으며, 탄소 중립 목표를 설정했다.

구글은 2017년부터 데이터센터를 탄소 중립(넷제로, Net-zero)으로 운영해 왔고, 2030년까지 모든 데이터센터를 무탄소 에너지로 운영하겠다는 계획이다(김효진, 2024). 마이크로소프트는 2030년까지 '탄소 네거티브' 목표도 수립했다. 또한, 한국 주요 기업을 포함한 대형 공급 업체들에 2030년까지 100% 무탄소 전기를 사용하도록 요구한다고 한다(Kimball, 2024). 아마존웹서비스(AWS)는 최근 원자력 발전으로 가동하는 데이터센터를 인수했다(이현일, 2024).

국내에서도 제주도가 소비전력 100%를 재생에너지로 사용하는 대규모 데이터센터 유치를 추진했다(홍창

빈, 2024). 이러한 예는 재생에너지를 활용한 그린 컴퓨팅의 좋은 사례가 될 것이다.

재생에너지는 간헐적인 특성이 있어, 에너지 저장 기술과 효율적인 전력 사용이 필요하다(이훈, 2024). 에너지 효율화와 저전력 반도체 기술의 상호보완적 관계를 통해 공급을 안정화하면서 에너지 수요를 줄여야 한다.

에너지 효율화는 성능을 동일하게 유지하면서 에너지 소비를 줄이는 전략으로, 환경 보호와 경제적 절감을 동시에 달성한다. 이러한 노력의 예는 재생에너지 잉여전력을 다른 형태의 에너지로 변환 · 저장해 활용하는 기술인 '섹터 커플링(Sector Coupling)'이다. 기상 상황에 따라 전력 생산량이 달라지는 태양광, 풍력 등의 재생에너지 간헐성의 문제를 섹터 커플링을 통해서 해소할 수 있다(gridX, 2024). 또한, 데이터센터 운용 시 가장 많은 전력이 투입되는 서버와 냉방 · 냉각 시스템의 에너지 효율을 높이기 위해 AI 기반 열 관리, 액체 냉각 시스템 등 다양한 접근법이 활용되고 있다.

저전력 반도체 기술은 전력 소모를 최소화하면서 고성능을 유지하는 차세대 기술로, AI 데이터센터와 모바일 디바이스의 에너지 효율을 높을 수 있다. 국내 기업이 주도하고 있는 스마트폰 등 온디바이스에 사용되는 저전력 DRAM(LPDDR)을 데이터센터 서버에 적용해 서버의 전력 사용량을 줄이고 있다(글로벌에픽뉴스, 2024). LPDDR을 HBM과 같이 적층하여 메모리 용량과 속도를 높이고 전력 소모는 줄이는 기술 개발에서도 기업 간 경쟁이 치열하다(삼성전자, 2024). 한편, 데이터센터 서버용 데이터 스토리지 디바이스인 하드 디스크 드라이브(HDD)를 성능은 뛰어나면서 소비전력과 발열이 적은 솔리드 스테이트 드라이브(SSD)로 교체하여 전력량을 절감할 수 있다(삼성전자, 2021).

차세대 친환경 AI 반도체: 저전력 혁신 기술의 최전선

AI 반도체의 전력 효율을 높이기 위한 차세대 신소재 개발과 새로운 아키텍처 혁신이 활발하게 진행되고 있다. AI 시대가 도래함에 따라 데이터 처리량이 기하급수적으로 늘어났고, 이로 인한 AI 하드웨어 가속기의 발열 문제로 이어졌다. 이러한 발열 문제 해결을 위해 AI 시대 반도체의 '꿈의 기판'으로 불리는 유리 기판(Glass Substrate)이 또 다른 게임 체인저로 부상하였다.

AI 가속기 구조는 패키지 기판 위에 GPU, CPU, HBM 등 여러 개의 반도체 칩이 수평으로 올라가 있고, 칩과 기판을 전기적으로 이어 주는 중간 다리 역할로 플라스틱보다 열에 강한 실리콘 인터포저(Interposer)를 사용하고 있다. 유리 기판은 실리콘보다 열전도율이 150분의 1 정도로 낮아 특정 칩에서 발생한 열이 다른 칩으로 전달될 가능성이 현저히 작다. 또한, 실리콘 인터포저가 필요 없어 같은 면적의 기판 위에 더 많은 칩을 탑재할 수 있고 더 얇게 패키징하는 것도 가능하다. 반도체 업계는 유리 기판이 3차원 패키징 시대의 도래도 앞당길 수 있을 것으로 전망한다(김민지, 2025).

기존의 실리콘 기반 반도체를 대체할 고성능 저전력 신소재는 질화갈륨(GaN), 탄화규소(SiC)와 같은 화합물 반도체, 그래핀 등의 2D 소재, 탄소나노튜브(Carbon Nanotube) 등이 있다. 이러한 신소재들은 각각의 장단점이 있으며, 특정 응용 분야에 따라 선택적으로 사용될 것으로 예상된다. 현재 대부분 연구 단계에 있지만, 질화갈륨과 탄화규소는 2030년대 중반부터 실리콘 반도체를 대체하기 시작할 것으로 전망한다(Iuorio, 2024).

또한, 기존의 폰 노이만 아키텍처를 탈피하여 새로운 구조를 개척하는 뉴로모픽 반도체, 양자 컴퓨팅에 기반한 양자처리장치(QPU), 광자 컴퓨팅을 이용한 광자 반도체, 그리고 이러한 기술의 상호 융합으로 인해 새로운 반도체 아키텍처가 활발하게 연구되고 있어 AI 반도체의 전력 효율을 획기적으로 높일 것으로 기대한다.

참고문헌

글로벌에픽뉴스(2024.5.23). 원팩, 엔비디아 젠슨 황 "LPDDR 데이터센터 전력 대안"...'LPDDR5' 업사이클 수혜 전망. https://www.globalepic.co.kr/view.php?ud=202405231253344656abe7dc9896_29

김민지(2025.1.26). "AI는 '열' 받으면 큰일나니까"…반도체 '꿈의 기판'서 엿보는 칩의 미래 [넥스트 게임체인저]. 헤럴드경제. https://biz.heraldcorp.com/article/10406792

김사헌(2024). 생성형 AI에 대한 열광, 전력 수요 급증 우려도 함께 부상. Deloitte. https://www2.deloitte.com/kr/ko/pages/insights/articles/global-economic-review/2024/ger-0603.html

김효진(2024.4.14). 구글은 어떻게 데이터센터를 100% 무탄소화 시키는가?, 임팩트온. https://www.impacton.net/news/articleView.html?idxno=3839

삼성전자(2021.8.4). 저전력 반도체. https://semiconductor.samsung.com/kr/support/tools-resources/dictionary/semiconductors-101-lesson-8-low-power-semiconductors-putting-the-brakes-on-global-warming/

삼성전자(2024.8.6). 삼성전자, 업계 최소 두께 LPDDR5X D램 양산. Samsung Semiconductor Newsroom. https://bit.ly/46CpvhC

이현일(2024.3.24.). AI 전쟁發 전력수요 폭증…빅테크 'AI 원전'으로

돌파구. 한국경제신문.
https://www.hankyung.com/article/2024032423261
이훈(2024.2.16). 재생에너지 간헐성 문제 '양수발전'으로 해결. 전기저널.
http://www.keaj.kr/news/articleView.html?idxno=5325
홍창빈(2024.8.9.). 제주도, '100% 재생에너지 활용' 데이터센터 유치 추진. 헤드라인제주.
https://www.headlinejeju.co.kr/news/articleView.html?idxno=550112
gridX(2024.11.7). Sector Coupling.
https://www.gridx.ai/knowledge/sector-coupling
Iuorio, A.(2024.11.15). The emerging materials shaping next-generation semiconductor electronics. R&D World. https://www.rdworldonline.com/the-emerging-materials-shaping-next-generation-semiconductor-electronics/
Kimball, S.(2024.5.15). Microsoft's carbon emissions have risen 30% since 2020 due to data center expansion. CNBC. https://www.cnbc.com/2024/05/15/microsofts-carbon-emissions-have-risen-30percent-since-2020-due-to-data-center-expansion.html

최종수

삼성전자 DS부문 산학협력교수, 숭실대학교 IT대학 AI융합학부 겸임교수다. 캐나다 오타와대학교 전기 및 컴퓨터과학과에서 신경회로망과 신호처리 연구로 박사 학위를 받았다. 삼성전자 통신연구소와 DMC연구소에서 이동통신 표준 기술을 연구했고, 국제 이동통신 표준 규격을 개발하는 3GPP에서 삼성전자 Delegate로 활동했으며(2005~2014년), 3GPP TSG-GERAN 부의장을 지냈다(2007~2011년). 같은 기간에 삼성전자 영국연구소에서 Standards & Technology Enabling Director로 근무했다(2009~2011년). 이후 삼성전자 System LSI 사업부에서 Exynos 브랜드로 알려진 Mobile SoC 제품 마케팅 디렉터(2014~2021년)로 일했으며 AVP사업팀에서 Advanced Package 마케팅 전략을 리드했다(2022~2023년). 현재 인공지능 반도체와 인공지능 응용 기술을 연구하고 있다.